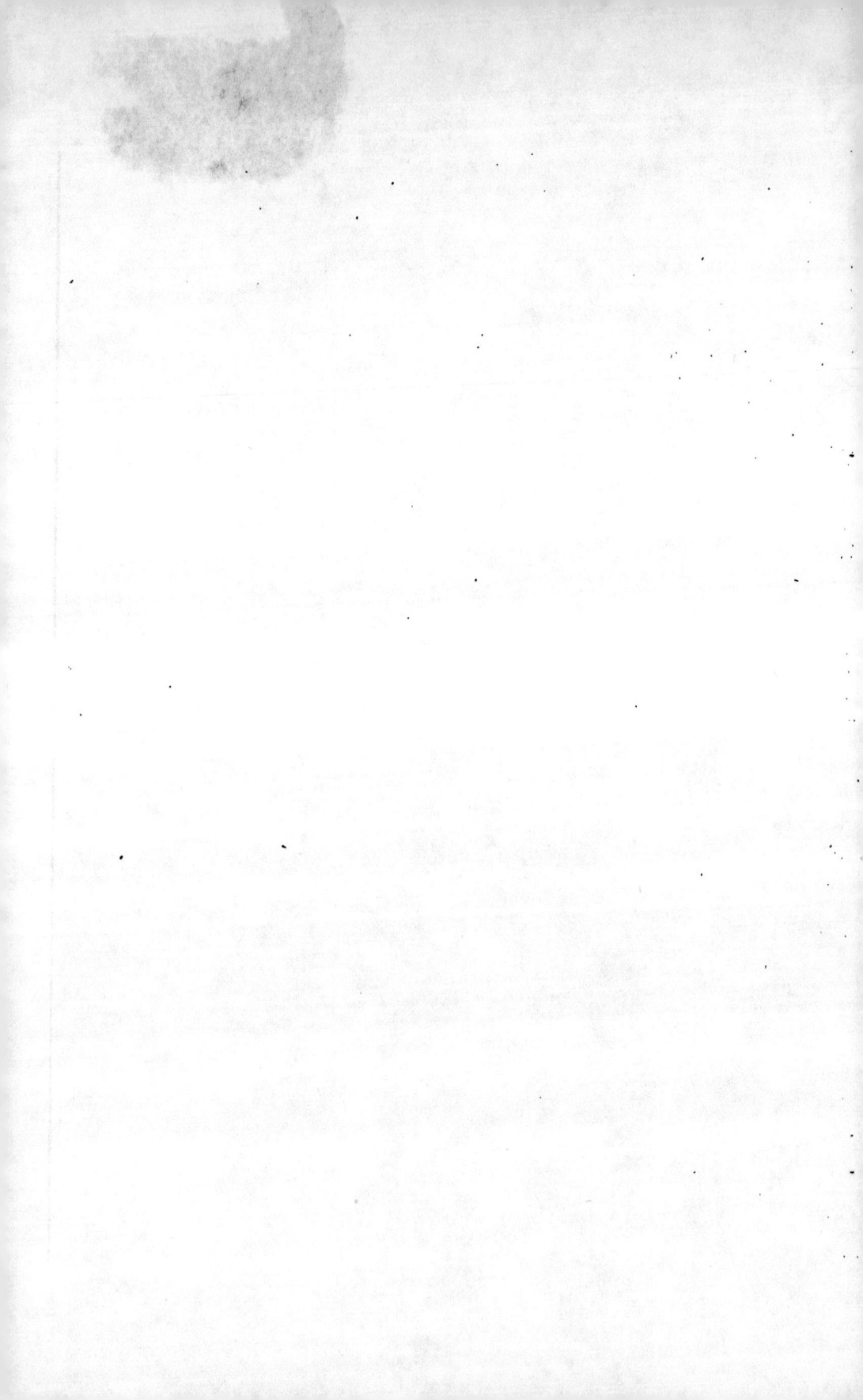

# NOTICE

SUR

# M. EUGÈNE VICART

PRÊTRE

## DE LA CONGRÉGATION DE LA MISSION

DÉCÉDÉ A PARIS, LE 6 OCTOBRE 1873

ANGOULÊME

IMPRIMERIE DE J.-B. BAILLARGER

Rue Tison d'Argence

—

1878

# NOTICE

sur

# M. EUGÈNE VICART

# NOTICE

SUR

# M. EUGÈNE VICART

PRÊTRE

DE LA CONGRÉGATION DE LA MISSION

DÉCÉDÉ A PARIS, LE 6 OCTOBRE 1873

ANGOULÊME

IMPRIMERIE DE J.-B. BAILLARGER

Rue Tison d'Argence

—

1878

Cette notice, comme celle de M. Oudiette, fait partie du troisième volume des *Relations abrégées de la vie et de la mort des Prêtres, Clercs et Frères de la Congrégation de la Mission* qui s'imprime actuellement.

Nous avons pensé que les Filles de la Charité, qui ont accueilli avec tant de joie et de consolation la notice de M. Oudiette, seraient heureuses de lire aussi les pages édifiantes consacrées à la mémoire de M. Vicart, et nous en avons fait faire, pour leur usage, un tirage spécial.

Puisse la lecture de cette vie si remplie de bonnes œuvres augmenter la vénération des Filles de la Charité pour celui qui fut ici-bas leur guide et leur modèle, les affermir elles-mêmes dans la pratique des vertus de leur saint état, et resserrer de plus en plus les liens qui unissent les deux familles de saint Vincent !

# NOTICE

# M. EUGÈNE VICART

Prêtre, décédé à Paris, le 6 Octobre 1873.

---

## CHAPITRE PREMIER.

SA FAMILLE — SA NAISSANCE — SES ÉTUDES A MONTDI-
DIER ET A AMIENS — SON ENTRÉE DANS LA CONGRÉGA-
TION.

A la fin du siècle dernier, pendant le règne de
la Terreur, dans une de nos grandes villes, on
conduisait à l'échafaud de nombreuses victimes.
Soudain, un des soldats de l'escorte, feignant
d'accomplir un ordre, saisit un prêtre parmi les
condamnés, l'entraîne rapidement par une rue
voisine, le met en lieu sûr, et déserte lui-même
un drapeau déshonoré par les plus lâches cruau-
tés. Cet héroïque chrétien, sauveur d'un prêtre de
Jésus-Christ, et sauvé lui-même par une visible
protection de la Providence, s'appelait Pierre-
François-Louis Vicart. Revenu dans sa patrie
quand le calme lui fut rendu, il se fixa à Doullens,
petite ville de Picardie, dans le département de la
Somme. L'auréole d'un saint devait planer sur sa
nouvelle existence; Dieu lui avait destiné pour
épouse une petite-nièce de saint Benoît-Joseph

Labre, Marie-Anne-Josèphe Billet. Il vécut dans
une modeste profession qui lui procurait une hon-
nête aisance. Son mariage fut béni du ciel ; il
devint père de sept enfants. En récompense de la
noble action accomplie pendant la Révolution,
Dieu devait en appeler quatre au sacerdoce ; trois,
Narcisse, Ernest et Eugène deviendront prêtres de
la Congrégation de la Mission, et le quatrième rem-
plira les fonctions du saint ministère dans le diocèse
d'Amiens. Les trois autres enfants de M. Louis
Vicart seront des chrétiens édifiants dans le monde.
Tous, sans exception, se montreront dignes de la
pieuse éducation reçue dans la famille, et conser-
veront précieusement l'héritage de sainteté de
leurs vertueux parents.

M. Eugène Vicart, dont nous écrivons la notice,
était le plus jeune des trois frères entrés dans la
famille de saint Vincent ; il naquit le 29 avril 1811.
C'est dans sa ville natale et sous les yeux de ses
parents qu'il fut initié aux premiers éléments de
la science. Il eut pour premier maître l'instituteur
primaire de la ville, homme respectable auquel
il conserva toujours une profonde gratitude. En
effet, jusqu'à la fin de ses jours, et il parvint à un
âge très-avancé, ce digne instituteur eut la consolation de recevoir des marques du souvenir reconnaissant de son illustre élève.

M. Eugène Vicart fut ensuite placé, avec ses
frères Ernest et Narcisse, au collége de Montdidier,
dont la direction avait été, dès 1818, confiée à

notre Congrégation. Ils y reçurent tous les trois
le bienfait de l'éducation ecclésiastique et religieuse ; ils devaient plus tard montrer leur reconnaissance en entrant dans notre petite Compagnie,
à laquelle ils ont rendu des services signalés.

M. Eugène Vicart fit de très-brillantes études,
et se distingua entre tous ses condisciples par sa
tendre piété, aussi bien que par la pénétration de
son intelligence, la rectitude de son jugement,
son ardeur persévérante pour le travail et l'amé-
nité de son caractère. Aussi ne tarda-t-il pas à
conquérir au plus haut degré l'estime des maîtres
et l'affection des élèves de l'établissement. Un des
meilleurs élèves sortis du collége de Montdidier,
M. l'abbé Laroque, d'abord condisciple, puis collaborateur et ami de M. Eugène Vicart, aujourd'hui
curé-archiprêtre de la cathédrale de Carcassonne,
lui rend ce témoignage : « Les faits saillants
n'abondent pas dans la vie de notre saint ami.
Dans sa première jeunesse, et alors qu'il était encore sur les bancs du collége de Montdidier, où je
l'ai connu en 1827, il avait toute la gravité de
l'âge mûr. Mieux que personne, avec le vénérable
Mgr Danicourt, il me fait comprendre cette parole
de nos Livres saints : *Quum esset junior nihil
tamen puerile gessit — quoique très-jeune, il ne
laissait rien paraître de léger dans sa conduite.*
Malgré de très-grands succès dans toutes les
facultés, il était si humble et si doux, qu'il jouissait de la sympathie générale. Cette sympathie

allait jusqu'au respect, à cause de ce qu'il y avait d'achevé dans sa piété. »

Avant la fin de ses humanités, M. Eugène Vicart se fit agréger à l'Association générale du Sacré Cœur de Jésus ; le billet d'affiliation, signé de notre confrère, M. Redon, s'est retrouvé parmi le peu de papiers qu'il a laissés : ce qui prouve qu'il avait attaché une grande importance à cet acte de dévotion.

Sa rhétorique achevée à Montdidier, il entra en philosophie au grand séminaire d'Amiens, dirigé aussi par nos confrères. Sa modestie, son air candide et sa gravité le firent distinguer entre tous les jeunes séminaristes.

La première impression ne fut pas démentie ; M. Eugène Vicart fut constamment la joie de ses maîtres et le modèle de ses condisciples. C'est à la fin de cette année de philosophie qu'il sollicita et obtint la faveur d'appartenir à notre petite Compagnie.

Le 7 octobre 1831, à l'âge de vingt ans et six mois, il fut admis au séminaire interne. Avec quel zèle et quel amour de notre sainte vocation il chercha, pendant son noviciat, à se pénétrer de l'esprit de notre saint Fondateur, il sera facile d'en juger par les fruits de salut qu'il produisit pendant quarante-deux ans. Les supérieurs comprirent bientôt le rare mérite de ce jeune missionnaire et conçurent l'espoir fondé qu'il rendrait de grands services à la Compagnie ; une lettre de M. Salhorgne, Supérieur général, en date du mois d'octobre 1832, en fait foi.

## CHAPITRE II.

IL EST NOMMÉ PROFESSEUR A MONTDIDIER. — PROFESSEUR
PUIS SUPÉRIEUR DU COLLÉGE DE MONTOLIEU — SUPÉ-
RIEUR DU SÉMINAIRE DE CHALONS, PUIS DE CELUI DE
CARCASSONNE. — SAGESSE DE SON ADMINISTRATION.

Après son séminaire, M. Vicart fut envoyé à
Montdidier comme professeur. C'est en collaborant
à l'éducation de la jeunesse, qu'il fut obligé d'étudier la théologie et de se préparer successivement
aux ordinations. Le 22 juin 1834, avec dispense
d'âge et *extra tempora,* il reçut l'onction sacerdotale à Amiens, des mains de Mgr de Chabons,
évêque de cette ville. Un fait survenu à cette époque
nous donne une idée de ses habitudes de vie mor-
tifiée. Un jour M. Vicart, par inadvertance, cassa
une carafe. Le domestique chargé du réfectoire,
plus soucieux des intérêts de la maison qu'on ne
l'est communément, s'arrogea la mission de punir
et de corriger l'imprudent professeur. « Je lui don-
nerai de l'*abondance,* s'il ne paie pas la carafe, dit-
il ; » et il lui servit, au lieu du vin ordinaire, de
cette liqueur que, dans les maisons d'éducation de
France, on est convenu d'appeler *abondance,* à
cause de la grande quantité d'eau qui tempère la
force du vin. M. Vicart reconnut cette mesquine
vengeance ; mais, au lieu de s'en plaindre et de
corriger à son tour le pauvre homme, il se con-

tenta de sourire. Ses charitables voisins prirent la chose plus au sérieux, ils prévinrent le Supérieur de cette impertinence. Malgré les remontrances et la défense expresse du Supérieur, le domestique s'obstina à servir de l'*abondance*. M. Vicart fut le seul à s'accommoder de cet odieux procédé ; tout le monde se plaignait, excepté lui. La pénitence imposée par le domestique dura presque une semaine. Notre vertueux confrère s'exerçait dès lors à cette mortification continuelle et universelle, qui devait l'autoriser plus tard à suggérer aux personnes qu'il dirigeait dans les voies de la perfection trois actes de mortification offerts chaque jour à Dieu, comme moyen efficace de se maintenir dans la ferveur.

Il était prêtre depuis trois ans, quand on l'avertit de se préparer aux grades universitaires, exigés par la loi civile pour la direction des établissements libres d'éducation. Il obéit aussitôt, étudia les matières du programme, et, malgré les préventions alors plus fortes que jamais contre tout ce qui semblait préparer des rivaux à l'Université, il obtint un plein succès. C'est devant le jury d'examen siégeant à Amiens qu'il se présenta pour obtenir le diplôme de bachelier ès-lettres. Le premier abord du candidat ne prévint pas en faveur de son intelligence. Son humilité, son extrême modestie voilaient trop son regard habituellement baissé. De plus, circonstance aggravante, il comparaissait en habit ecclésiastique. On a dit qu'en le voyant, messieurs les examinateurs échangèrent entre eux

un sourire ironique peu rassurant. Ce préjugé fut
bientôt dissipé. A la première réponse, les doctes
professeurs, représentants officiels de la science
universitaire, furent surpris du langage modeste,
mais assuré, du candidat ecclésiastique. Cette parole grave et ferme, qui ne se précipitait pas, ne
s'arrêtait pas, n'hésitait pas, fut pour eux une
sorte de révélation. Ils ne rencontraient sans doute
pas souvent de ces caractères modestes et un peu
timides, mais difficiles à déconcerter. Voyant de
leurs yeux, entendant de leurs oreilles, ils ne pouvaient contester l'aptitude du répondant. Rien
moins que bienveillants, pour se créer la possibi-
lité d'un refus motivé, ils s'avisèrent de poser des
questions en dehors de celles que le sort avait
fixées. M. Vicart ne se plaignit pas de cet inique
procédé ; il accepta la violation de son droit, sans
que ses réponses dénotassent le moindre embarras.
L'heure réglementaire de l'épreuve orale était
expirée, qu'on l'interrogeait encore. La rare capa-
cité du candidat était incontestable ; tous les suffrages lui furent acquis ; chez les examinateurs
eux-mêmes, l'admiration avait succédé à la surprise. Ce sentiment fut si sincère et si unanime,
qu'ils l'exprimèrent hautement en donnant au nouveau bachelier une note exceptionnelle : ils le
jugèrent *d'une supériorité hors ligne.* Ce certi-
ficat d'aptitude, obtenu le 15 octobre 1837, donna
droit au diplôme de bachelier ès-lettres, qui fut
délivré en décembre de la même année.

2

Quelques mois plus tard, le 13 février 1838, M. Vicart se présenta à Paris aux examens du baccalauréat ès-sciences. Parmi les membres du jury, se retrouvèrent quelques-uns des professeurs qui l'avaient interrogé à Amiens. Ils le reconnurent et lui firent le périlleux honneur d'un examen rigoureux. Il le subit avec un succès tel, qu'il leur arracha de nouvelles exclamations de surprise et d'admiration. Alors seulement le candidat éprouva quelque embarras ; sa modestie s'alarma de ces éloges.

Désormais, M. Eugène Vicart était armé de toutes pièces pour l'enseignement des sciences supérieures et la direction légale des maisons d'éducation.

De Montdidier, où il professait la philosophie, il fut envoyé à Montolieu, pour y remplir le même office. Grâce à ses deux diplômes, il obtint le titre de chef d'institution, sans lequel l'établissement ne pouvait subsister. Aux yeux du gouvernement, il était seul supérieur et responsable de la tenue du collège. Mais ce n'était qu'une formalité ; il ne serait jamais entré dans l'esprit de M. Vicart de se prévaloir de ses titres, et M. Boury, supérieur de la maison, n'avait pas de confrère plus soumis. Ses grades, l'étendue de ses connaissances, ses aptitudes universelles en matière d'éducation, son expérience, son ascendant sur les professeurs et les élèves le désignaient pour la charge de Préfet des études. Quand il en fut revêtu, loin de paraître

flatté de cette distinction, il cherchait modestement
à s'effacer ; c'est par ses œuvres, et jamais par ses
paroles, qu'on connaissait et appréciait ses mérites.
Autant il répugnait à son humilité de se mettre en
évidence, autant il apportait de diligence au cons-
ciencieux accomplissement de son devoir. Il visi-
tait fréquemment les classes, témoignait beaucoup
d'égards aux maîtres et d'affection aux élèves,
maintenait une forte discipline, élevait le niveau
des études, en excitant au travail et stimulant
l'émulation, et résolvait heureusement le difficile
problème de se faire aimer et craindre à la fois.
Quand un professeur était empêché de faire sa
classe, le préfet des études était là pour le rempla-
cer ; suppléant général, il n'y avait pas de cours
qu'il ne fût capable de professer. A l'époque annuelle des examens du baccalauréat, il désignait
les élèves qui pouvaient se présenter avec confiance
et ceux qui devaient continuer leur préparation ou
renoncer à cette épreuve. L'arrêt du jury confirmait si bien le choix préliminaire des candidats
fait par le préfet des études, que son avis favorable
était accueilli comme un gage certain de succès,
tandis que son opposition était redoutée comme un
échec. La piété solide, la doctrine spirituelle et le
zèle de M. Vicart portèrent aussi M. Boury à le
nommer directeur spirituel des élèves. Comme on
l'a remarqué pendant toute sa vie et dans tous les
offices qu'il a eu à remplir, quels qu'ils fussent, en
philosophe chrétien, il fit abstraction de l'honneur

que tant d'emplois de haute confiance faisaient rejaillir sur sa personne, pour ne considérer que la grave responsabilité qui lui était imposée, et remplir de son mieux tous les devoirs de ses nouvelles fonctions, sans négliger les autres obligations. Il adressait aux élèves de si bonnes conférences spirituelles, que M. Boury, bien placé pour juger de leur valeur, a pu dire qu'elles étaient parfaites, que rien n'y manquait, qu'elles étaient irréprochables, soit sous le rapport de la piété, soit sous le rapport de la doctrine et du style.

Quand M. Etienne, de douce et pieuse mémoire, aussitôt après son élection au généralat, appela M. Boury à Paris, pour y remplir les fonctions d'assistant de la Maison-Mère, son successeur fut facile à trouver. Tous ceux qui connaissaient la situation du collége de Montolieu désignaient d'avance M. Vicart pour recueillir l'héritage de sa sollicitude. En effet, il fut nommé supérieur de la maison. La transition fut si facile et si naturelle, qu'il n'y eut rien à changer, ni dans les habitudes du nouveau titulaire, ni dans l'organisation des études et les exercices des élèves. On remarquait avec édification qu'il exerçait très-humblement son autorité. Le ton impérieux du commandement n'était jamais le sien ; il exprimait un désir, il priait de vouloir bien faire telle chose, et remerciait ensuite d'un acte d'obéissance, comme d'un service personnel et spontané qu'on lui aurait rendu. Un simple frère coadjuteur était confus de se voir en quelque sorte traité d'égal à égal par un supérieur si éminent, que tout le monde estimait et respectait. Cette humble et touchante condescendance se conciliait parfaitement avec les exigences de la discipline et du bon ordre. Ferme et doux en même temps, sévère seulement dans les circonstances difficiles et parfois critiques, que la prudence la plus consommée ne peut pas toujours empêcher de se produire, M. Vicart fut constamment estimé et respecté, aimé et ponctuellement obéi de tous. Comment ses inférieurs n'auraient-ils pas irrésistiblement suivi son impulsion, et marché fermement dans la voie du bien, qu'il traçait si nettement?

Ils voyaient ses rares qualités intellectuelles et morales rehaussées de l'observation intégrale de nos saintes règles et des prescriptions de l'Eglise, malgré des raisons très-plausibles de dispense. M. Vicart, en effet, n'a jamais joui d'une parfaite santé; à Montolieu, il souffrait d'une dyspepsie, qui l'obligeait à demander au médecin des remèdes contre l'inertie de son estomac. Néanmoins, il ne s'exemptait d'aucune des obligations de sa charge. Bien plus, il observait tous les jeûnes commandés par l'Eglise, depuis le mercredi des Cendres jusqu'à Pâques, comme aux Quatre-Temps; et l'on sait quelle était, à cette époque, la rigueur de la pénitence quadragésimale. Il était aussi très-exact à se lever à quatre heures. Sa conviction sur l'importance de cette fidélité quotidienne, puisée dans

les enseignements de saint Vincent, était telle,
qu'il y voyait, indépendamment de l'accomplissement de la volonté de Dieu et de singulières bénédictions spirituelles, une source de santé, une
sorte de sacrement conférant aux missionnaires les
forces physiques nécessaires pour leurs emplois.
Toute sa vie, même pendant les maladies de ses
dernières années, quand de pénibles insomnies
l'avaient fatigué pendant la nuit, il a très-éner-
giquement persévéré dans cette exactitude au
lever.

Il est vraiment remarquable que M. Vicart ait
presque constamment supporté le poids d'acca-
blantes occupations pendant quarante-deux ans,
malgré des maux d'estomac, une respiration
gênée, une maladie de cœur et d'autres infirmités,
qui semblaient devoir ruiner sa santé de bonne
heure, épuiser ses forces et le réduire au repos,
dès les premiers temps d'un ministère si actif. Peu
de temps avant sa mort, un jeune missionnaire
lui ayant dit qu'il attribuait en partie sa bonne
santé au lever de quatre heures, notre vénéré
défunt était donc fondé à lui répondre : « Vous avez
bien raison : moi aussi j'ai toujours été persuadé
et j'ai expérimenté que Dieu attache une grâce
spéciale de santé à cette fidélité. »

Dieu répandait ses bénédictions les plus abon-
dantes sur son généreux serviteur et l'œuvre confiée à sa sollicitude. Jamais le collège de Montolieu ne fut plus prospère que sous sa direction.

Personne plus que lui n'a donné raison à l'affliction profonde qu'éprouvèrent les meilleures familles du diocèse de Carcassonne et des diocèses voisins, lorsque le conseil de la Congrégation, jugeant ce collége peu conforme aux fins de notre Institut, décida d'en abandonner la direction à d'autres ecclésiastiques, libres de tout engagement. C'est en 1846 que ce changement eut lieu. Il fut fatal à l'établissement; dès l'année suivante, le collége était évacué et fermé, pour ne plus se relever. Or, la plupart des élèves de cette maison, ceux même dont la légèreté faisait redouter une vie orageuse, ont conservé dans le monde et transmettent soigneusement à leurs enfants les sentiments profondément chrétiens que leurs maîtres lenr avaient inspirés.

L'Assemblée nationale de 1871 compta, parmi ses membres les plus dévoués à la cause catholique, au moins trois anciens élèves de Montolieu. (1).

Souvent, il est arrivé que des missionnaires, qui connaissaient à peine le nom de Montolieu, se trouvaient abordés par des laïques attendris et heureux de témoigner leur reconnaissance pour le bienfait de l'éducation chrétienne reçue, disaient-ils, chez les lazaristes de Montolieu. Avant 1869, époque de la transformation de l'ancien collége en maison de retraite pour les Filles de la Charité, on voyait

---

(1) MM. de Tarteron, député du Gard; de Grasset, député de l'Hérault, et Buisson, député de l'Aude.

presque chaque année un certain nombre d'anciens
élèves le visiter comme un lieu de pèlerinage. Le
contraste de son ancienne splendeur avec la solitude actuelle, et le souvenir des heureuses années
de leur jeunesse qu'ils y avaient passées, leur faisaient verser des larmes. Témoin de ces consolants
et durables fruits de ses travaux, M. Vicart pouvait dire, un an avant sa mort, à l'un de ses anciens collaborateurs de Montolieu : « J'ai revu à
Paris grand nombre de nos anciens élèves. Mais,
vraiment, j'étais loin de penser que Montolieu pré-
parât un si grand bien pour l'avenir. »

Rappelé de son cher collège de Montolieu, où il
laissait d'impérissables souvenirs, M. Vicart fut
nommé supérieur du grand séminaire de Châlons-
sur-Marne, où il ne resta que quatre ans ; car, en
1859, une nouvelle séparation fut imposée à son
obéissance, et il fut chargé de la direction du grand
séminaire de Carcassonne. Les établissements où
M. Vicart eut à déployer successivement l'activité
de son zèle, ne se ressemblaient guère, ni par le
genre d'éducation, ni par l'esprit et les habitudes
des élèves de régions si éloignées les unes des
autres. Néanmoins, à Carcassonne comme à Châlons, à Montolieu comme à Montdidier, il sut gagner
bien vite et au plus haut degré l'estime et l'affection de tous. Ecclésiastique irréprochable, missionnaire exemplaire, parfait supérieur, savant, doué
à un degré remarquable des qualités naturelles de
l'esprit et du cœur qui font aimer et rechercher

l'amitié d'un homme, il était honoré du respect, de la confiance et de la religieuse affection de ceux qui le connaissaient ; mais, fidèle à la règle, il ne sortait pas de sa sphère d'action, et s'interdisait ce qui aurait pu lui créer des relations inutiles.

En sa personne, on apercevait bien vite le résumé de la perfection sacerdotale, un modèle achevé de toutes les vertus qui doivent orner l'âme d'un prêtre. Si la vie de tous les ministres de Jésus-Christ doit être comme le livre des simples fidèles — *Vita clericorum, liber laïcorum,* — celle de notre vénéré confrère était bien le livre que méditaient avec plus de fruit les élèves du sanctuaire dont la conduite lui était confiée. Personne assurément n'aurait pu leur adresser avec plus de vérité et d'autorité cette recommandation du grand Apôtre : *Imitatores mei estote, sicut et ego Christi.* L'esprit d'indépendance, qui est une des plaies les plus graves de notre siècle, n'a jamais eu de prise sur l'âme si droite et si loyale de M. Vicart. Aussi l'autorité soit de la règle, soit des supérieurs, en particulier celle du Souverain Pontife, était-elle sacrée pour lui. De là cette horreur invincible qu'il éprouvait pour toute nouveauté et pour tous les systèmes qui s'écartaient de l'enseignement du Saint-Siége, quels qu'en fussent les auteurs. De là son attachement invariable aux doctrines romaines ; de là son dévouement filial à la cause du Vicaire de Jésus-Christ, et son zèle ardent pour proclamer et inculquer les décisions émanées de son autorité infaillible. Quand la voix du pasteur suprême s'était fait entendre, le silence conseillé par des considérations humaines, si graves qu'elles fussent, était à ses yeux une faiblesse. Tous les fidèles devaient recevoir communication authentique des oracles apostoliques ; et c'était aux évêques, divinement préposés à l'instruction du peuple chrétien, de proclamer hautement les salutaires enseignements du successeur de saint Pierre. En 1854, M. Vicart n'avait pas été étranger à la substitution de la liturgie romaine à la liturgie gallicane, opérée par une ordonnance de Mgr de Bonnechose, alors évêque de Carcassonne. En 1859, quand commencèrent les épreuves de l'Immortel Pie IX, son amour pour l'Eglise redoubla : et, durant ces années de persécution, il ne cessa de donner des preuves éclatantes de son dévouement au Vicaire de Jésus-Christ.

Un tel dévouement avait sa source dans sa foi vive ; il voyait l'autorité de Dieu dans le Chef de l'Eglise. Ce même esprit de foi lui montrait l'autorité de Dieu imposant et sanctionnant le règlement du séminaire. De là son amour constant pour la discipline, et sa fermeté pour en empêcher le relâchement, fallût-il, dans certaines circonstances plus graves, recourir à une punition exemplaire. Il donnait peu d'avis ; mais il veillait à leur observation, et ne supportait pas que les décisions prises par l'autorité fussent considérées comme lettre morte.

Dans cette fermeté il n'y avait ni dureté ni rai-
deur ; il voulait, au contraire, et obtenait que la
régularité eût pour mobile la conviction du devoir
et de l'esprit de foi. Jamais on ne l'a entendu
mettre en avant sa volonté ou ses vues personnelles. Quand il s'agissait de réprimer un abus,
de maintenir le bon ordre, d'imposer des sacrifices
pénibles à la nature, son humble personne s'effaçait. C'était toujours un point du règlement qui
servait de base à ses prescriptions, de manière
qu'en toute circonstance on ne voyait que la loi,
par conséquent la volonté supérieure de Dieu.
C'est ce qui lui permettait d'agir avec une telle
autorité, qu'il lui suffisait ordinairement de donner
simplement un avis. La sagesse, la maturité,
l'ascendant de sa parole, l'invariable maintien des
mesures prises, prévenaient dans les séminaristes
jusqu'à la pensée de négliger ses avertissements.
A côté de cette fermeté, on trouvait chez M. Vicart
un cœur tout à fait bon, vraiment paternel. Les
moindres intérêts des séminaristes le touchaient
vivement ; c'était avec une douleur réelle qu'il
compatissait à leurs peines.

Mais que dire de son égalité de caractère ?
Jamais on n'a pu surprendre sur ses lèvres une
parole dictée par l'impatience. Dans les occasions difficiles, personne n'a su, mieux que lui,
mettre en pratique la règle de conduite tracée par
l'Apôtre à son disciple Timothée : *Argue, obse-
cra, increpa in omni patientiâ et doctrinâ —*

*Reprends, supplie, menace en toute patience et doctrine.*

Lorsqu'il lui survenait une contrariété subite, on sentait bouillonner sa nature extrêmement sensible et impressionnable. Mais, habitué de longue date à réprimer victorieusement les moindres saillies de son tempérament sanguin, il maîtrisait aussitôt son émotion, et pouvait prendre la parole avec calme. Si quelques indices trahissaient le froissement de la sensibilité subjuguée, sa force d'âme en paraissait d'autant plus admirable. Énergique jusqu'à la sévérité, il s'arrêtait à la limite du trouble et de la passion. Avait-il à faire quelques reproches, il laissait ordinairement un intervalle considérable entre la faute et la correction, soit afin qu'on ne pût pas le soupçonner de céder à un mouvement d'humeur, soit afin de laisser au coupable le temps de se reconnaître et de se disposer à profiter de l'admonition de son supérieur. Lorsqu'il était en présence d'un abus, quoiqu'il fût irrévocablement déterminé à l'extirper, on l'a vu garder le silence des semaines entières, et faire ses observations brèves et précises, quelques moments avant de monter au saint autel. Il réservait ordinairement ses avertissements pour le mercredi matin, à la fin de la répétition de l'oraison.

Ses instructions étaient toujours simples, dignes et graves ; la correction et la pureté d'un style soutenu faisaient tout leur ornement. Le mouve-

ment et l'action entraînante des orateurs éloquents
n'étaient pas la qualité dominante des prédications
de notre vénéré confrère; ceux qui n'estiment et
ne recherchent qu'un brillant débit auraient été
déçus en l'entendant; mais la clarté et la méthode
de ses discours, la foi vive et la tendre piété qu'ils
respiraient, la solidité, la profondeur, la richesse
et le caractère pratique de sa doctrine, ont toujours satisfait et captivé les auditeurs intelligents
et sérieux auxquels il s'adressait. Quand il avait
traité un sujet, il n'y avait, semblait-il, rien à
retrancher ni à ajouter. C'était d'autant plus éton-
nant que ses occupations nombreuses ne lui ont
presque jamais permis d'écrire entièrement ses
entretiens spirituels. Aussi n'a-t-il laissé que très-
peu d'écrits, quoiqu'il ait très-fréquemment parlé
sur tous les sujets de spiritualité. Comment une
préparation prochaine très-courte, évidemment
insuffisante pour la plupart des missionnaires,
pouvait-elle suffire à M. Vicart? Une sérieuse préparation éloignée, d'heureuses facultés naturelles
et la grâce de Dieu, qui voyait son impuissance à
faire autrement, compensaient amplement ce qui
aurait pu manquer à la préparation prochaine. En
effet, il avait puisé la science sacrée aux sources
les plus pures, c'est-à-dire, dans l'Ecriture sainte,
les saints Pères, la théologie dogmatique, morale
et ascétique, qu'il trouvait moyen d'étudier tous
les jours, en utilisant les moindres instants de ses
journées parfaitement distribuées; car, avare du

temps comme tous les serviteurs de Dieu, il connaissait et pratiquait l'*économie des minutes*. Il avait surtout approfondi les épîtres de saint Paul, qu'il n'appelait que le grand Apôtre, et revenait sans cesse à cette étude de prédilection. C'est pourquoi tous ses entretiens spirituels n'étaient, pour ainsi dire, qu'un pieux et savant commentaire du Docteur des nations. Les auteurs dont il se servait de préférence pour l'étude de saint Paul, étaient saint Thomas, Cornélius à *Lapide* et Estius. Toutes ses instructions tendaient donc à inspirer aux élèves du sanctuaire, non pas cette piété purement sentimentale, qui peut bien, pour un temps, séduire l'imagination, mais qui jamais ne parviendra à former cettte vaillante génération de prêtres, dont les élus de Dieu attendent leur salut : *de semine virorum illorum per quos salus facta est in Israel;* M. Vicart possédait et avait le don d'inspirer cette piété vraie, solide, fondée sur le renoncement, l'esprit de sacrifice et de mort à soi-même, qui est celle que recommande l'Apôtre disant à Timothée : *Exerce-toi à la piété; car elle est utile à tout, ayant les promesses de la vie présente et de la vie future.* Il en avait tous les jours l'occasion, ayant accepté la direction de conscience d'un grand nombre de séminaristes. Cette dérogation à notre directoire, que nous ne prétendons pas justifier absolument, était sans doute motivée par des circonstances exceptionnelles qui lui en firent une sorte d'obligation.

Quoi qu'il en soit, c'était chose admirable de voir avec quelle patience il recevait en direction ses jeunes pénitents. Il entrait avec eux dans les moindres détails de leur conduite, il prenait le plus vif intérêt à tout ce qui les concernait, et, malgré ses nombreuses occupations, ne témoignait jamais qu'il fût pressé de les congédier. Sa délicatesse exquise le portait à être très-sobre de questions; mais, en voyant sa discrétion et son affection désintéressée, on était invinciblement porté à s'ouvrir à lui avec une entière confiance.

Un caractère de sa direction, qu'il serait bien difficile de retracer, c'est le tact avec lequel il conduisait les âmes dans les voies de la perfection. Il ne proposait à ses pénitents rien qui pût les effrayer. Se souvenant de l'exemple du divin Maître disant à ses apôtres : *J'ai encore beaucoup de choses à vous dire, mais vous n'êtes pas actuellement capables de les porter,* il attendait qu'ils fussent en état de bien comprendre les devoirs de la vie spirituelle, avant d'entreprendre directement l'attaque et la destruction de certains défauts. Voyait-il une âme troublée à la vue des sacrifices que demande la perfection, il la rassurait, l'encourageait, et, jusqu'à ce qu'elle fût devenue plus forte, il faisait à la faible nature toutes les concessions compatibles avec la vertu. Lorsqu'il voulait amener à quelque acte plus difficile, il ne prenait pas directement l'initiative, mais, par quelque parole habilement ménagée, il faisait comprendre le prix de cette généreuse correspondance à l'appel de la grâce et la gloire qui en reviendrait à Dieu. L'âme éclairée et fortement convaincue se portait d'elle-même aux actes visés par l'habile directeur. C'est ainsi qu'il savait s'effacer et laisser croire à ses pénitents qu'ils se déterminaient de leur propre mouvement à la pratique de la vertu.

## CHAPITRE III.

L'action de M. Vicart ne fut pas circonscrite dans l'enceinte du séminaire. Honoré de la pleine confiance des deux évêques sous lesquels il gouvernait le grand séminaire de Carcassonne, il dut assister aux délibérations de leur conseil. Les prêtres du diocèse eurent bientôt connu et apprécié le trésor de science et de dévouement qu'ils possédaient dans le supérieur du grand séminaire. Attirés par son cordial accueil, et confiant en ses lumières, ils lui proposaient souvent les difficultés de leur ministère. L'expression générale et spontanée de leur reconnaissance témoigne hautement des services qu'il leur a rendus avec une obligeance parfaite.

Mgr l'évêque voulut aussi que M. Vicart acceptât la charge de confesseur extraordinaire de la nombreuse communauté de Saint-Joseph de Cluny, établie à Limoux. La nature de ce grand établissement, qui renferme le noviciat régional et des œuvres très-diverses confiées au zèle d'un seul aumônier, demande une prudence consommée

3

dans les confesseurs. Là aussi, on admira la
délicatesse, la prudence et la piété de notre confrère.

· Une congrégation diocésaine de religieuses avait
été récemment fondée par un saint prêtre du diocèse de Carcassonne, M. l'abbé Bastoul, pour
l'éducation des enfants et l'assistance des malades
dans les moindres villages. C'est la Sainte-Famille,
dont la Maison-Mère est à Pézenas, entre Carcassonne et Montolieu. Dieu avait visiblement béni
cette nouvelle famille religieuse, dont le personnel
et les établissements avaient pris de rapides
accroissements. Mais la mort enleva le vénérable
Fondateur, avant qu'il eût pu donner une forme
définitive aux règles de sa Congrégation. Mgr de
la Bouillerie, comprenant d'un côté l'importance de
cet institut, et, de l'autre, sachant tout ce qu'il y
avait en M. Vicart d'esprit de Dieu, de sagesse et
d'habileté, n'hésita pas à faire appel à son dévouement, et le pria, en 1859, de prendre la direction de
cette Communauté, pour prévenir sa ruine, fixer
ses constitutions et l'affermir définitivement. Ses
fonctions de Supérieur du grand séminaire et de
Vicaire général, ses relations avec le clergé du
diocèse, la direction de plusieurs maisons de Filles
de la Charité et même d'un certain nombre de personnes externes, auxquelles il n'avait pu faire
agréer un refus, semblaient ne pas lui laisser de
temps libre. Il fut néanmoins obligé d'accepter la
proposition de l'illustre prélat et d'assumer la charge

d'une œuvre si difficile. Nommé supérieur des Sœurs de la Sainte-Famille, il remplit cette nouvelle charge à la pleine satisfaction de Mgr l'Evêque et de la Communauté. Dieu voulait que, dans ce nouveau ministère, M. Vicart acquît un trait de plus de ressemblance avec saint Vincent, qui avait, dans des conditions analogues, prêté son efficace concours à la fondation des communautés de la Croix, de la Providence et de sainte Geneviève. C'était encore, dans les desseins du Ciel, une préparation expérimentale à la direction du séminaire des Filles de la Charité et au gouvernement de leur Compagnie. Voulant d'abord se rendre un compte exact de la situation de l'institut, de ses œuvres, de ses besoins, des dispositions de ses membres, il se mit en rapport direct avec toutes les religieuses, qui conservent encore le souvenir de la bonté paternelle avec laquelle il les accueillait. Elles se sentaient à l'aise devant lui, elles lui communiquaient en toute liberté leurs désirs, leurs pensées, leurs peines, leurs difficultés. De plus, pendant les deux années qu'il resta à la tête de cette Communauté (1859-1861), il se rendait deux fois par mois à leur Maison-Mère et y passait une journée entière. Il voyait en particulier les sœurs de la maison et les novices, qu'il s'efforçait d'initier au véritable esprit religieux ; puis, il conférait avec les membres du Conseil, afin de prendre les décisions les plus capables de maintenir la régularité et la ferveur. L'objet principal de la sollicitude du nouveau supérieur fut la rédaction définitive des règles sur lesquelles devaient reposer la stabilité et la prospérité de l'institut. Il lut attentivement les manuscrits du vénérable Fondateur, se pénétra de son esprit, étudia les diverses règles de conduite qu'il avait tracées suivant les circonstances, et les condensa de manière à en former un code complet, auquel il imprima le cachet de sainteté pratique qui l'a toujours caractérisé. En 1861 seulement, il put donner aux Sœurs de la Sainte-Famille le livre des règles, qui affermissait l'institut et achevait l'œuvre de M. Bastoul. On ne peut lire ce petit livre sans en admirer la sagesse. Des religieux de divers ordres, appelés à Pézenas pour y prêcher la retraite annuelle aux sœurs, ont demandé comme une faveur d'emporter un exemplaire de ces règles où tout est parfaitement harmonisé pour conserver l'esprit propre et distinctif de la Sainte-Famille, pour faciliter aux sœurs l'accomplissement de tous leurs devoirs et les conduire à une haute perfection dans l'exercice des œuvres qui leur sont confiées. Non-seulement M. Vicart donnait ses soins à la Maison-Mère en conférant et délibérant avec les membres du conseil, en étudiant et dirigeant les nouvelles vocations ; mais encore il avait un état détaillé de toutes les maisons, et il trouvait le temps de correspondre avec les sœurs de ces divers établissements, pour les encourager, les éclairer, les avertir et les préserver des dangers auxquels les expose leur contact continuel avec le monde. Cette communauté se promettait les plus grands avantages de l'intelligente et pieuse direction de M. Vicart, lorsque, pendant les vacances de l'année 1861, ayant été nommé assistant de M. le Supérieur général de notre Congrégation, il dut quitter Carcassonne pour venir à Paris, où son nouvel emploi l'appelait.

Son départ définitif fut un véritable deuil pour les sœurs de la Sainte-Famille, comme pour le grand séminaire. Grâce à Dieu, l'œuvre de M. Bastoul, que M. Vicart avait trouvée périclitante, il la laissait désormais assise sur des bases solides. Depuis, quoique absorbé par les occupations de sa double charge d'assistant et de directeur des Filles de la Charité, il a entretenu une correspondance assez suivie avec les sœurs de la Sainte-Famille, qui recouraient à ses conseils. Enfin, en 1871, il donnait une nouvelle preuve de son inaltérable dévouement à cette communauté, en mettant la dernière main au livre des Constitutions, qui devait compléter le livre des Règles communes. Aussi, le nom du Père Vicart est-il en vénération dans la Sainte-Famille, qui l'honore comme son second fondateur.

Douze ans d'absence ne purent faire oublier à Carcassonne ni le nom, ni les vertus de M. Eugène Vicart. Quand Dieu appela son fidèle serviteur à la récompense éternelle, un hommage de reconnaissance lui fut aussitôt rendu par la *Semaine religieuse* de ce diocèse qui était devenu le sien par dix-neuf ans de résidence et de bons services.

Nous reproduisons cet article presque en entier, parce qu'il donnera une idée exacte et assez complète de la conduite des grands séminaires par notre vénéré confrère.

« Les prêtres du diocèse de Carcassonne n'ap-
« prendront pas sans douleur la mort de M. Vicart,
« ancien Supérieur du grand séminaire. Ceux
« d'entre eux qui ont connu ce digne fils de saint
« Vincent de Paul, ceux surtout qui ont eu le
« bonheur de faire leur éducation ecclésiastique
« sous sa direction n'oublieront jamais les émi-
« nentes qualités dont il était doué. Que de science
« et que de vertu ! Que de prudence et que de
« bonté ! Quelle perspicacité pour deviner les
« hommes, et quelle charité pour les gagner à
« Jésus-Christ ! Quel bien n'a-t-il pas fait à tous
« ceux qui l'ont approché, mais surtout aux élèves
« du sanctuaire ! Qui ne se rappelle les diverses
« émotions qu'on éprouvait, lorsque, pour la pre-
« mière fois, on se trouvait en présence de cet
« homme profondément vénérable ! D'abord, c'était
« une crainte respectueuse, exagérée même, qu'ins-
« pirait sa contenance froide et grave; et on le redou-
« tait tant qu'on ne le connaissait pas. Mais, à mesure
« qu'il se révélait, la vénération et l'amour succé-
« daient à la crainte, et dissipaient les premières
« impressions. On aimait l'homme en M. Vicart,
« car il était vraiment aimable ; mais on aimait
« surtout le prêtre. En sa personne, on avait sous
« les yeux le résumé de la perfection sacerdotale,

« un modèle achevé de toutes les vertus qu'on
« venait acquérir au séminaire. L'amour de la dis-
« cipline naissait et grandissait naturellement
« dans le cœur des jeunes lévites, quoiqu'ils ne
« pussent pas encore en apprécier tous les avan-
« tages pour la sublime carrière dans laquelle ils
« débutaient ; il suffisait de voir notre vénérable
« supérieur observer le règlement du séminaire
« avec plus d'exactitude que le dernier venu
« d'entre nous, à ce point qu'on pouvait dire qu'il
« était la règle vivante de la maison.

« On s'adonnait avec ardeur à l'étude, en voyant
« travailler, sans trêve ni repos, cet homme de
« Dieu aussi distingué dans la science profane
« que dans la science sacrée. Il avait donné des
« preuves de la première au collége de Montolieu,
« qu'il dirigea bien jeune, mais non sans éclat ;
« et il nous donnait continuellement des preuves
« de la seconde par ses commentaires éloquents
« de l'Ecriture sainte, et par les solides instruc-
« tions qu'il nous adressait. On se rappellera tou-
« jours cette clarté qu'il répandait dans l'exposi-
« tion de la doctrine, cette force de logique avec
« laquelle il développait ses preuves. Les audi-
« teurs qui avaient écouté attentivement pou-
« vaient, sans grand effort, répéter ses dis-
« cours.

« Mais que dire de sa piété, toute basée sur les
« convictions de sa foi vive et les lumières de la
« raison ? Ne s'abandonnant point à la sensibilité

« et ne cédant jamais à l'imagination, il se mon-
« trait partout égal à lui-même. On le voyait tou-
« jours recueilli dans la récitation du saint office,
« toujours pénétré dans la célébration des saints
« mystères, toujours bon et condescendant au
« saint tribunal de la pénitence. De cette piété
« soutenue découlait cette charité qui ne se dé-
« mentait jamais, dans les relations diverses qu'il
« avait soit avec les personnes du dehors, soit
« avec les séminaristes. De cette piété bien enten-
« due jaillissait aussi, à son heure, cette franche
« gaieté des récréations, qu'il provoquait avec un
« à-propos charmant parmi les élèves, auxquels il
« se mêlait alors volontiers.

« Il dirigeait depuis douze ans notre grand sémi-
« naire quand une décision de sa Congrégation
« vint prématurément briser la chaîne des impor-
« tants services qu'il rendait à notre diocèse avec
« un dévoûment sans bornes. En 1861, il dut nous
« quitter pour se fixer à Paris et y remplir les
« hautes fonctions d'assistant ou conseiller de M. le
« Supérieur général des Lazaristes et de direc-
« teur des Filles de la Charité. Il ne nous appartient
« pas de parler des œuvres qu'il a accomplies loin
« de nous; mais nous ne pouvons passer sous
« silence cette vive sollicitude avec laquelle il
« s'informait de tout ce qui se passait dans notre
« diocèse, la joie qui remplissait son âme, quand
« on lui racontait le bien qui s'y opérait; le bonheur
« qu'il éprouvait, en revoyant les prêtres de Car-

« cassonne qui allaient le visiter à Saint-Lazare.
« C'est la preuve que ses sentiments paternels à
« notre égard ont duré jusqu'à ses derniers mo-
« ments.

« Donnons-lui une prière, nous tous qu'il a
« aimés, et faisons en sorte qu'il ne soit pas mort
« tout entier, en reproduisant en nous les émi-
« nentes vertus que nous avons admirées dans sa
« personne, et qu'il a cherché, avec tant de zèle,
« à faire naître et grandir dans nos âmes sacer-
« dotales. »

## CHAPITRE IV.

M. VICART ASSISTANT DE LA MAISON-MÈRE ET DIRECTEUR
DES FILLES DE LA CHARITÉ — SON ZÈLE ET SA PRUDENCE
DANS SES NOUVELLES FONCTIONS.

A peine installé à Paris, M. Vicart devint assistant de notre Maison-Mère. M. Etienne, qui connaissait de longue date le rare mérite du nouveau membre de son conseil, crut ne pouvoir confier à de meilleures mains une charge si importante et si délicate. Dans l'exercice de ses nouvelles fonctions, M. Vicart réunit immédiatement tous les suffrages et s'attira toutes les sympathies ; l'ensemble de ses qualités peu communes rehaussait son autorité, imposait le respect, la soumission et l'attachement. Fortement pénétré des maximes de saint Vincent sur l'observance de nos saintes règles et sur l'influence capitale de notre Maison-Mère à l'égard des autres maisons de la Compagnie, il fit de la régularité le caractère distinctif de sa conduite. Observer lui-même les règles, les faire aimer et observer par tous les missionnaires confiés à sa sollicitude, tel fut le but constamment poursuivi par le nouvel assistant. Ses instructions, ses avis, ses mesures, sa vigilance, ses exemples personnels, convergeaient vers cette pratique

uniforme de toutes les prescriptions de notre bienheureux Père, par lesquelles l'esprit primitif devait se renouveler et s'affermir dans notre Congrégation. Très-attentif à tout ce qui concernait
l'ordre commun, sans distinguer entre petites pratiques et règles fondamentales, il remarquait le
moindre retard ; quand le soin de cloche ne son-
nait pas un exercice à l'heure précise, il demandait son nom, l'appelait, et lui recommandait la
ponctualité dans son office. Il n'en fallait pas
davantage pour prévenir le retour de négligences
de ce genre ; en effet, quoique M. l'assistant fût
connu comme très-bon, on aurait singulièrement
craint de provoquer un nouvel avertissement. Si
l'horloge se détraquait, il la faisait immédiatement
réparer, pour empêcher des méprises et des irré-
gularités involontaires. Saintement jaloux de goûter lui-même les avantages inhérents à l'uniformité, et comprenant combien son absence des
exercices communs, qu'il devait souvent présider,
autoriserait d'exceptions et de négligences, il se
fit une loi d'y être toujours présent. S'il était obligé
de sortir de la maison, il combinait si bien l'heure
et la durée de ses absences, qu'il était toujours
rentré pour l'examen particulier et les repas.

Des motifs de dispense, que d'autres auraient
crus suffisants, qu'il aurait probablement agréés
et autorisés pour ses confrères, il ne les admettait
pas pour son propre compte, toutes les fois qu'il
aurait fallu déroger à l'uniformité. Sa tête, pres-

que totalement dénudée de cheveux, s'accommodait
mal de la barrette ; néanmoins, jusqu'à la fin, on
l'a vu la substituer très-fidèlement à la calotte,
non-seulement pour aller à l'autel, mais encore
pendant les repas et les divers exercices communs
où il est d'usage de se couvrir. Nos frères coadjuteurs, d'autant plus empressés à prendre soin de
sa précieuse santé, qu'elle était plus délicate et
qu'il semblait en faire bon marché, parvinrent à
découvrir que les pommes de terre et la viande
froide convenaient à son estomac et étaient de son
goût. Sans scrupule, ils se firent un devoir de lui
procurer assez souvent ce genre d'alimentation,
qui n'exigeait aucune dépense nouvelle et ne demandait qu'un peu d'attention et de prévoyance.
Mais M. Vicart ne tarda pas à s'apercevoir que le
servant de table, de connivence avec le frère cui-
sinier, lui choisissait une portion entre les autres,
et il défendit de lui servir de ces mets plus souvent qu'à la communauté. Attachant plus de prix
à l'uniformité qu'au bien-être de son corps, il interdit toute particularité et exigea que les frères
le servissent de la même manière que ses confrères. Si, dans sa dernière maladie, il accepta les
mets plus délicats qu'on sert à tous les malades,
ce ne fut que par obéissance aux médecins ; en
renonçant aux viandes communes et au vin ordinaire, qu'on refusait de lui apporter, il eut le mérite de vaincre une vive répugnance, que les
exemples et l'enseignement de saint Vincent

avaient inspirée et enracinée dans son âme. On
eut la pensée de lui donner quelques témoignages
d'affection et d'honneur, le jour de la fête de
saint Eugène, son patron. De crainte de le mécon-
tenter, en prenant une initiative qu'il n'aurait
peut-être pas agréée, on voulut pressentir sa manière de voir sur les distinctions de cette nature,
et obtenir un avis favorable ou du moins la tolé-
rance. Quelque plausibles que parussent les raisons alléguées, il s'y refusa absolument et coupa
court à de nouvelles instances, en répondant :
« Qu'il ne paraisse aucune distinction, ce serait la
plus grande peine qu'on puisse me faire ! »

Comprenant la nécessité et l'empire de la condescendance sur toute sorte de personnes, M. Vicart eut à cœur d'en user spécialement à l'égard de
nos frères coadjuteurs. Il n'hésitait pas à s'assujettir à des démarches et à des procédés dont son
autorité le dispensait, afin de prévenir plus sûre-
ment le mécontentement et le mauvais esprit.
Ainsi, il ne retirait pas un frère d'un office sans
avertir le chef de cet office, afin qu'il pût faire
valoir les difficultés qu'il y voyait, et consentît de
bon cœur à ce qu'on lui demandait comme un
service ; il le prévenait pareillement d'une absence
temporaire, occasionnée par une circonstance im-
prévue ; et, quand une fête ou quelque autre motif extraordinaire devait amener un surcroît de
travail et d'embarras, il en donnait avis en temps
opportun, pour que chacun pût faire ses prépara-

tifs à l'avance. De cette manière, le travail se faisait mieux, et chacun était content.

Si vigilant pour maintenir les offices de nos
frères dans la paix, M. Vicart ne pouvait qu'être
très-dévoué aux intérêts les plus graves de notre
Congrégation. Indépendamment des services signalés que sa double charge d'assistant de la
Congrégation et d'assistant de la Maison-Mère
l'appelaient tous les jours à rendre, il se prêtait
volontiers à obliger en toute occasion. Quelque
question ardue d'administration diocésaine, ou de
procédure canonique était-elle soumise à M. Etienne,
notre Supérieur général, il priait M. Vicart de
l'examiner et d'y répondre, parce que ses précé-
dentes fonctions de Supérieur de séminaire et de
Vicaire général l'avaient mis au courant des
affaires ecclésiastiques. Ce nouveau rôle de théologien et de canoniste de M. le Supérieur général,
il le remplissait avec sa maturité de science, sa
prudence et sa discrétion ordinaires. Il était, en
effet, avant tout, homme de bon conseil. Son jugement droit, la science acquise, l'expérience, les
lumières surnaturelles puisées dans l'union avec
Dieu, et la grâce d'état attachée à ses fonctions le
rendaient éminemment propre à examiner, élucider
et trancher des questions épineuses, à tracer une
voie sûre parmi des difficultés nombreuses sans
cesse renaissantes, à rendre la paix aux âmes per-
plexes. Il savait ne pas précipiter ses décisions ; au
besoin, il prenait son temps pour réfléchir et con-

sulter; il invoquait toujours le Saint Esprit, quelque facile que fût la solution, quelque peu importante que parût la question proposée; et on le voyait, avant de répondre, se recueillir quelques instants, comme pour se demander, selon la coutume de saint Vincent : «*Quid nunc Christus ? — A ma place, que ferait, que dirait Jésus-Christ ?*» Une fois la vérité reconnue, une fois la décision prise conformément à la doctrine et aux exemples du divin Maître, il avait le courage d'exprimer son sentiment, alors même qu'il avait tout lieu de croire qu'il ne serait pas goûté; aucune considération humaine n'aurait pu lui arracher une rétractation, une simple variation; sa conscience ne se serait jamais accommodée d'une telle mobilité d'opinion. Il serait téméraire de soutenir qu'il ne s'est jamais trompé, bien que son jugement ait été très-rarement en défaut; dans quelques cas, heureusement peu nombreux, il a plié sous l'inévitable poids de la fragilité humaine, dont les meilleurs esprits ne réussissent pas à s'affranchir totalement. Mais on peut affirmer qu'il n'a jamais été téméraire, surtout qu'il était incapable de céder par faiblesse à d'importunes instances, comme de se taire ou de transiger avec le devoir, quand même la décision prise devait soulever contre lui une sorte de tempête; ce qui lui est effectivement arrivé quelquefois.

Homme prudent et discret, membre du conseil de la Congrégation, souvent honoré des plus

graves confidences, doué d'ailleurs d'une excel-
lente mémoire, M. Vicart ne pouvait que connaître
bien des secrets. Il paraît que quelques curieux
se hasardèrent à lui demander où en étaient les
affaires de la maison ou de la Compagnie, espérant
qu'il n'hésiterait pas à leur faire part de certaines
mesures prises ou projetées, surtout quand les
renseignements, secrets la veille, devaient être
publiés le lendemain. Ces curieux ne connaissaient pas encore toute la discrétion de M. Vicart ;
quelque légitimes que paraissent aux théologiens
les causes excusantes du secret, dans les cas où
l'on ne cause de préjudice à personne, notre assistant ne les admettait pas pour son propre compte,
pas même en considération d'une intime amitié.
Fermement convaincu qu'une certaine exagéra-
tion de discrétion dans les hommes d'administration n'a guère d'inconvénients, tandis que la faci-
lité à s'ouvrir sans nécessité crée des embarras
imprévus, il demeurait muet. On renonça donc
bientôt à recourir à lui pour satisfaire sa curiosité,
on le compara à un puits sans fond, à un puits
fermé, et on demeura persuadé qu'il emporterait
tous ses secrets dans la tombe. On ne se trompait
pas. Cette grande discrétion contribua beaucoup
à augmenter la confiance qu'on avait déjà en lui ;
on lui communiqua d'autant plus de secrets, on
recourut d'autant plus librement à ses lumières,
qu'il savait tout couvrir des ombres d'un impéné-
trable silence.

Par suite de cette confiance universelle, M. Vicart était très-bien renseigné sur les défauts et les fautes d'un grand nombre de personnes ; néanmoins, on doit proclamer à sa louange que la réputation du prochain n'a jamais souffert de ses paroles, qu'il a respecté les susceptibilités les plus exigeantes. Il ne disait jamais de mal de personne ; le voile de la charité couvrait tout ce qu'il savait de défavorable, tant qu'une raison de conscience ne l'obligeait pas de parler, comme le voile de la discrétion tenait les confidences cachées, tant que l'intérêt de ceux qui lui avaient ouvert leur cœur n'exigeait pas qu'il en usât extérieurement. Ce même esprit de charité le portait à prodiguer les bons offices qui rendent si facile et si douce la vie de communauté ; tantôt il remerciait humblement un pauvre frère coadjuteur d'un petit service qu'il lui avait rendu, absolument comme si sa vertu et ses fonctions ne l'avaient rendu digne d'aucun égard ; tantôt il compatissait aux faiblesses des esprits malades, les respectait et y condescendait, foulant aux pieds les considérations les plus spécieuses aux yeux de l'amour-propre froissé.

On le conçoit aisément, cette humble disposition à se faire tout à tous complétait très-heureusement les qualités naturelles de son esprit et rendait ses causeries très-agréables. Qu'on s'entretînt sérieusement d'affaires pendant les heures de travail, ou qu'on cherchât un innocent délassement dans les spirituelles saillies et les plaisanteries de

4

bon ton qui font le charme des récréations, on aimait à se trouver dans sa compagnie, on s'étonnait que la cloche donnât sitôt le signal de la séparation. Il savait tellement s'oublier, pour s'occuper des autres et les rendre heureux, qu'il ne parlait jamais de lui-même, et très-rarement de son bien-aimé frère, M. Ernest Vicart, supérieur de notre collège de Montdidier. Il n'avait nullement à rougir de sa très-chrétienne famille, qui avait donné trois prêtres à la Congrégation ; il aurait pu, s'il avait été moins détaché, se complaire à raconter l'héroïque dévouement de son père pendant la Révolution, se prévaloir de sa parenté avec saint Benoît Labre ; mais il s'était fait une loi de ne jamais parler des siens. Ce ne fut que dans des épanchements intimes, et dans des circonstances où il était en quelque sorte contraint de sortir de cette réserve absolue, qu'il révéla ces glorieuses traditions domestiques.

On admirait aussi le scrupuleux emploi de tout son temps. Quand l'heure de la récréation était arrivée, il n'y manquait pas et y restait jusqu'à la fin, à moins que ses infirmités ou une occupation pressante ne l'en empêchassent ; il en sentait le besoin, parce que, aux termes de la règle, pendant toute la matinée ou toute la soirée, il avait été très-utilement occupé. A quelque moment qu'on entrât dans sa chambre, et il ne s'absentait que rarement et par nécessité, on était sûr de le trouver modestement assis. Il étudiait, faisait sa

lecture spirituelle, de préférence dans la *Vie des
Saints,* de Giry, écrivait, récitait le saint office ou
le chapelet, ou vaquait à quelque autre occupation sérieuse. Néanmoins, il s'interrompait volontiers pour recevoir ceux qui avaient à lui parler ;
ces dérangements multipliés ne l'importunaient
pas, parce qu'il les acceptait comme venant de la
main de Dieu. A ses derniers moments, on eut
une preuve bien significative de cette immolation
de tous les instants au bon plaisir de Dieu,
quand, faisant le geste vulgaire des petits
marchands qui ne veulent pas démordre d'un
centime du prix demandé, il déclara qu'il ne
voulait pas davantage faire sa propre volonté.
L'expression latine *ne latum quidem unguem*
rend tout à fait son geste et sa pensée, — C'est le
devoir, il faut que je marche ! —Telle fut sa devise ;
la fatigue, les embarras, les dangers de maladie et
de mort n'ont jamais pu l'arrêter, ni même ébran-
ler l'énergie de son âme. S'étant donné à Dieu et
à saint Vincent, pour dépenser ses forces et les
années de sa vie mortelle au service des pauvres
dans les emplois que lui confiait l'obéissance, il a
toujours été conséquent avec lui-même et a inté-
gralement rempli sa promesse, avec la simplicité
d'un enfant, l'abnégation du religieux le plus détaché, le dévouement de la charité apostolique et
une constance sans défaillances. « N'ayant nul
souci de ses aises ni de ses commodités, dit un
missionnaire qui l'a connu de très-près, il restait

où l'obéissance l'avait placé. Se servant simplement de ce qu'on lui donnait, il trouvait toujours que c'était bien suffisant pour lui, alors même qu'il en était incommodé. »

M. Vicart remplissait depuis quatre ans, à la satisfaction générale, la charge d'assistant de notre Maison-Mère ; on se plaisait à espérer qu'il occuperait longtemps encore ce poste de haute confiance, où il honorait et servait très-utilement la Compagnie ; on s'était facilement habitué à ses entretiens solides, simples et efficaces, à la suite de la répétition d'oraison ; on aimait à s'édifier du spectacle de sa gravité et de sa modestie au saint autel, comme à entendre retentir dans notre chapelle sa voix juste et suave, aux fêtes de second degré et aux grandes solennités où M. le Supérieur général était empêcher d'officier ; on n'hésitait même pas à le désigner tout bas comme le successeur de M. Etienne, s'il lui survivait, comme la différence d'âge le faisait présumer, quand Dieu vint lui demander d'autres marques de son amour, et lui proposer encore une fois le sacrifice des habitudes prises, pour l'assujettir aux exigences d'un emploi qui devait l'user avant le temps et abréger notablement ses jours.

Suscité par la divine Providence pour la restauration et la réorganisation des deux familles de saint Vincent, M. Etienne, de vénérable mémoire, avait trouvé dans le respectable M. Aladel un collaborateur et un ami très-fidèle, que ses quali-

tés personnelles, sa rare vertu et ses œuvres ont
fait justement assimiler à M. Portail, l'inséparable
compagnon de notre bienheureux Père. Mais en
1865, Dieu rappela subitement à lui l'infatigable
missionnaire qui, pendant près de vingt ans,
avait rempli les délicates et laborieuses fonctions
de Directeur des Filles de la Charité. Pour rempla-
cer dignement M. Aladel dans un ministère si
ardu, il fallait un homme d'une aptitude exceptionnelle et d'une vertu consommée.

M. le Supérieur général aurait bien voulu laisser
M. Vicart assistant de la Maison-Mère qu'il gouvernait avec tant de sagesse ; mais ne trouvant
aucun autre missionnaire à qui il crût pouvoir
aussi convenablement transférer l'héritage de
M. Aladel, il n'hésita pas à le nommer Directeur
des Filles de la Charité.

A peine investi de sa nouvelle charge, M. Vicart
s'effaça à Saint-Lazare, où il prit modestement
son rang de vocation et se confondit de la meilleure
grâce avec les autres prêtres. Dieu lui demandait
de rompre avec des fonctions devenues faciles et
de se plier à de nouvelles habitudes ; il se livra
sans réserve, comme sans plainte et sans regret,
au soin de sa nouvelle famille religieuse. Il ne
pouvait se désintéresser des affaires de notre Congrégation, ni se soustraire aux instances de ses
confrères, d'autant plus que le Conseil comptait
deux assistants nouveaux ; c'est pourquoi, dans
la distribution de son temps, il eut soin de réser-

ver trois ou quatre moments dans la journée, où
l'on était sûr de le trouver dans sa chambre, prêt
à interrompre des occupations pressantes, pour
recevoir ceux qui désiraient lui parler. Mais, ayant
accepté dans toute son étendue l'accablante suc-
cession de M. Aladel, et, par suite, passant presque
tout son temps à la communauté des Sœurs,
il ne pouvait guère séjourner à Saint-Lazare; et
le peu de temps qu'il y passait était réclamé par
ses exercices de piété. Désormais, sa parole subs-
tantielle et toujours goûtée ne se fit presque plus
entendre à notre Maison-Mère; c'est à peine si
pendant la retraite annuelle, on put jouir quelquefois de son édifiante répétition d'oraison.

M. Vicart remplaça aussi M. Aladel en sa qualité d'Admoniteur de M. le Supérieur général, et
fut confirmé dans cet office par l'Assemblée générale de 1867. Il serait téméraire de rechercher
comment il l'a rempli; mais son habitude de ne
jamais regarder comme une sinécure un emploi
qu'on lui confiait, d'en assumer généreusement la
responsabilité et les labeurs, en déclinant l'honneur des titres, nous est une garantie qu'il n'a
pas manqué d'avertir avec tout le respect, le tact
et la fermeté désirables, s'il a jugé devant Dieu
que le bien de la Compagnie l'exigeait.

Lorsqu'il fut chargé de la direction des Filles
de la Charité, M. Vicart jouissait déjà parmi elles
de la meilleure réputation; les maisons qu'il avait
dirigées depuis près de vingt ans, à Châlons, à

Carcassonne et à Paris, n'avaient eu qu'à se louer
de son zèle intelligent, de sa prudence et de l'édification qu'il répandait par sa seule présence. Son
abord pouvait paraître froid et inspirer une certaine crainte, quand on ne le connaissait pas;
mais dès qu'on l'avait abordé et entretenu, comme
il était facile de deviner quel trésor de bonté, de
sagesse et de tact recélait cet extérieur en appa-
rence froid et commun ! En lui nul défaut saillant,
nulle bizarrerie de caractère, nul de ces travers
qui prêtent à la critique. Tout était modéré, réglé
par le devoir, inspiré par la vertu; tout trahissait
l'homme de Dieu.

Une sœur servante, dont M. Vicart avait longtemps dirigé la maison, devenue officière, aimait
à redire quelle édification accompagnait ses pas,
lorsque, venant chaque semaine entendre leur
confession, il se rendait directement à la chapelle,
répondant, sans s'arrêter, aux questions qu'on
avait à lui proposer, et, son travail terminé, reprenant aussitôt le chemin du grand séminaire, sans
perdre un instant en conversations inutiles. On
disait encore, en citant des traits édifiants dont on
avait été témoin : « C'est un rude chrétien, qui sait
ce que coûte la vertu; il a fait à ses dépens une
guerre sans merci à la nature, et s'est si bien
mortifié qu'il est épuisé. » Ainsi s'affermissait et
s'étendait la réputation de sainteté qui devait
donner tant d'ascendant au nouveau Directeur.
Dans ses précédents emplois, M. Vicart s'était

toujours montré à la hauteur de sa mission, mais il était surtout doué pour ses nouvelles et délicates fonctions.

Il avait un esprit naturellement très-pénétrant, un jugement droit, un rare bon sens, une prudence consommée, une tendre et solide piété, une science très-étendue des voies de Dieu et de la perfection, une longue expérience, et surtout la ferme volonté de se consumer au service de Dieu et des servantes des pauvres. On avait donc lieu d'espérer qu'un tel ouvrier ferait abondamment fructifier le champ confié à sa sollicitude. L'attente générale ne fut pas trompée. Un nouvel élan fut imprimé, quoique sans bruit et sans secousse ; l'impulsion fut docilement reçue et la Compagnie continua de prospérer, se montrant toujours digne des complaisances et des bénédictions du Ciel. De graves événements, la guerre franco-allemande de 1870-71 et la nouvelle Terreur qui la suivit, sous le nom de *Commune,* allaient singulièrement accroître la responsabilité toujours si grande du Père directeur ; mais Dieu avait préparé son fidèle serviteur, et il allait s'en servir comme d'un flambeau pour éclairer sa maison, au milieu des ténèbres les plus épaisses. Docile instrument de la Providence, nous allons le suivre aplanissant sans choc ni déchirement les obstacles qu'il recontre, développant activement les féconds éléments de bien déposés par le Père de famille dans le sein de la Compagnie, la maintenant dans le pur esprit et les saines traditions de saint Vincent, enfin la rendant de plus en plus conforme au type des vraies Filles de la Charité, montré par Dieu au saint Fondateur et retracé par ses lèvres bénies.

Dès son entrée en fonctions, M. Vicart s'assujettit absolument au règlement de la Communauté et aux traditions de son respectable prédécesseur. La distribution de son temps étant faite et l'heure habituelle des exercices fixée d'avance, il donna constamment l'exemple d'une exactitude mathématique; tous les jours, aux mêmes heures, il sortait de Saint-Lazare et se rendait diligemment à la Communauté, édifiant tous ceux qui le voyaient passer par la gravité de son maintien et la modestie de son regard. Au premier coup de l'horloge, il montait au saint autel, commençait son instruction ou se dirigeait vers son cabinet. Il fallait que tout se fît comme la règle le veut, au moment fixé, ni plus tôt ni plus tard, sans jamais faire attendre la Communauté réunie pour un exercice. Cette ponctualité universelle était tellement un besoin pour le Père directeur, qu'elle présidait à ses communications les plus intimes avec Dieu et les contenait dans les limites précises. Ainsi, au son de l'horloge qui marquait la fin du temps consacré à ses ferventes actions de grâces, il se levait en soupirant, comme pour exprimer son regret de ne pouvoir prolonger son entretien avec Notre Seigneur. Matin et soir, avant de commencer les directions, il entrait à la chapelle, se tenait humblement à genoux dans un coin, se reconnaissait très-faible instrument entre les mains de Dieu, et sollicitait avec ferveur la bénédiction céleste pour le ministère qu'il allait remplir. Les jours d'exposition du Saint-Sacrement, il arrivait vingt minutes avant l'heure de son travail ; immobile à sa place ordinaire, dans l'attitude d'un ange adorateur, il présentait ses hommages et ses suppliques à Notre Seigneur, jusqu'à ce que le son de l'horloge vînt l'avertir qu'il était temps d'entrer en séance de direction. Ces pieuses pratiques révélaient l'homme de Dieu, uniquement préoccupé de l'œuvre de Dieu et mettant toute sa confiance dans les lumières et les bénédictions divines. Ses vues particulières, sa volonté personnelle, n'entraient pour rien dans l'ordre de la journée ; scrupuleux observateur de tous les pieux usages précédemment établis à la Communauté, il ne consentait à aucun changement, si ce n'est dans des circonstances tout-à-fait exceptionnelles. Non content de suivre exactement le coutumier de la maison, il se faisait renseigner sur toutes les petites pratiques qui n'y sont pas écrites. S'il en oubliait quelqu'une, il était bien aise qu'on la lui rappelât et engageait agréablement à lui rendre ce service, en disant: « Je vais apprendre ma leçon. » Cette application à se conformer uniquement à la volonté de Dieu dans les plus petites choses dit assez sa parfaite soumission, son entier acquiescement aux desseins de la Providence, dans les événements les plus pénibles. On l'entendait alors prononcer ces simples paroles : « Ah ! mon Dieu !... Mais rien n'arrive sans votre ordre ou votre permission... Que la volonté de Dieu se fasse en tout et toujours ! » Ordinairement, c'était les mains jointes et la tête inclinée qu'il faisait cet acte de résignation absolue. « Laissez faire le bon Dieu, répétait-il souvent aux âmes troublées et inquiètes ; ah ! je vous en prie, laissez-le faire, et vous verrez qu'avec cela vous vous trouverez bien ! » Quand il ne pouvait apporter aucun remède au mal, il redisait encore : « Laissez faire le bon Dieu. » L'accent de filial amour et de saint abandon avec lequel il s'exprimait, pénétrait profondément et persuadait ; on se sentait animé d'un nouveau courage, et on se remettait les yeux fermés entre les mains de l'adorable Providence.

Dans l'enseignement qu'il avait mission de donner aux Filles de la Charité, M. Vicart se proposa toujours de les affermir dans les pratiques communes de la vie chrétienne, en éclairant leur dévotion ; de leur faire comprendre la sublimité de leur belle vocation, la nature et l'étendue des obligations qu'elle impose, et les moyens pratiques de s'en acquitter. La vie intérieure et surnaturelle du parfait chrétien unie aux œuvres extérieures de la charité, l'alliance indissoluble de Marthe et Marie, tel est le but qu'il poursuivait dans ses fréquentes instructions. L'Ecriture sainte, les conférences de saint Vincent, les vies des saints et les

opuscules de Mgr de Ségur sur la vie intérieure,
étaient les sources auxquelles il puisait la doctrine de ses entretiens toujours graves, simples,
pieux et pratiques. C'était le plus pur, le plus
solide enseignement de l'Eglise; c'était toujours
de la théologie dogmatique et ascétique, mais
dégagée des formules scholastiques et mystiques,
inintelligibles pour l'immense généralité des servantes des pauvres. Avec son grand bon sens, le
sage directeur mesurait exactement le niveau in-
tellectuel de son auditoire, et discernait le genre
d'instruction exigé par la vocation et les œuvres
des Filles de la Charité.

M. Vicart avait spécialement cultivé la littérature et les sciences; il s'était fait remarquer
comme théologien et commentateur des Epîtres de
saint Paul; pendant trente-cinq ans, il avait constamment et presque exclusivement évangélisé la
jeunesse studieuse des collèges ou des séminaires,
et la Maison-Mère des prêtres de la Mission;
jamais il n'avait eu l'occasion de faire un cours
suivi d'instruction religieuse à de simples filles,
fort peu initiées au langage de la littérature, de
la philosophie et de la théologie. Néanmoins, on
n'a pas entendu dire que les milliers de Filles de
la Charité qui ont assidûment assisté à ses conférences lui aient reproché un style trop élevé, un
langage trop savant, des expressions trop théolo-
giques.

Sa parole toujours digne traduisait de fortes

pensées, annonçait les grandes vérités de la religion, captivait l'esprit et le cœur ; de sorte que la personne et le style du prédicateur semblaient disparaître, pour ne laisser entendre que la voix majestueuse de Dieu étalant les richesses de sa grâce ou de sa gloire, et notifiant avec toute la clarté et la précision désirables les desseins particuliers de son adorable volonté.

« La vie intérieure, disait-il souvent, doit passer avant la vie extérieure, mais la première toute seule, sans la seconde, serait une illusion ; la seconde sans la première serait une erreur ; les deux ensemble constituent la perfection à laquelle nous devons tendre. Saint Joseph nous en donne l'exemple : il menait une vie tout intérieure, au milieu d'occupations tout à fait extérieures. Un grand nombre d'âmes appelées dans la famille de saint Vincent rencontrent deux écueils dont l'ennemi de notre salut se sert pour les empêcher de travailler à la perfection de leur saint état. Les unes se livrent entièrement aux œuvres extérieures, qui deviennent le but unique de leurs pensées, de leurs préoccupations, de leurs désirs, de leurs efforts. Elles oublient ainsi les intérêts les plus chers de leurs âmes, et s'exposent à se présenter un jour devant le souverain juge les mains vides. Les autres, ne comprenant pas comment on peut concilier les occupations extérieures avec la vie intérieure, dont elles contemplent l'excellence et admirent la beauté, se laissent dominer

par des tentations contraires, et aspirent au cloître.
Là, elles espèrent parvenir à cette vie d'union
qu'elles désirent et qu'elles croient ne pouvoir
goûter ici... Les unes et les autres, pour des raisons différentes, courent le même danger, celui
de méconnaître leur première et réelle vocation,
et de sortir de la voie dans laquelle Dieu les a
mises pour travailler à leur sanctification. » Quand
il décrivait les caractères de la vie intérieure et
traçait le portrait des sœurs qui concilient vérita-
blement le recueillement de Marie avec l'activité
de Marthe, M. Vicart ne craignait pas de répéter
cette leçon fondamentale : « Une personne intérieure ou qui travaille à le devenir est fidèle à tous
les points de ses règles ; elle passe de la prière
aux occupations extérieures, change d'occupation
et de place, selon que le devoir le lui prescrit ;
mais elle demeure toujours la même ; calme, re-
cueillie, faisant tout avec ordre, sans trouble, ni
précipitation. Aussi vient-elle à bout de tout, car
elle fait ce que Dieu demande, comme il le veut et
quand il le veut. Quand on est bien fidèle à la
règle, on est toujours sûr d'accomplir sa sainte
volonté. » Il inculquait aussi, à force de le repro-
duire sous toutes les formes, ce principe élémen-
taire de la perfection chrétienne : « La vraie sainteté ne consiste pas à faire des choses extraordi-
naires, mais à faire tout, même les plus petites
actions, en union avec Dieu et pour son amour. »

La grande autorité de la parole de M. Vicart

avait sa source dans l'édification de ses exemples ; à l'imitation du divin Maître, il faisait avant d'enseigner, et ses lèvres semblaient s'ouvrir, dans chacune de ses prédications, pour lire à haute voix une page du livre de sa vie. « Il était facile de reconnaître, ont remarqué les sœurs, que la manière d'agir de notre vénéré Père directeur était parfaitement conforme aux enseignements qu'il nous donnait. Il ne soupçonnait certainement pas qu'en nous parlant de la vie intérieure il se dépeignait lui-même. Ses entretiens particuliers, ses actes, sa vue seule nous rappelaient les vertus qu'il nous prêchait, la sainteté à laquelle il voulait nous voir toutes travailler avec persévérance. Tout en lui redisait son union intime avec Dieu. Son recueillement était aussi parfait dans son cabinet de travail et dans les corridors, où il marchait les yeux modestement baissés, que lorsque, à la chapelle, profondément incliné, il paraissait anéanti devant le Très-Saint Sacrement. »

Dans le but d'initier les jeunes sœurs à la vie religieuse, telle que Dieu la demande des servantes des pauvres, une instruction sur la vie intérieure est faite chaque semaine au séminaire, devant toutes les sœurs qui n'ont pas prononcé les saints vœux. Le lundi, à deux heures, M. Vicart faisait cette instruction, qui durait environ une heure. Il y attachait tant d'importance que, si une fête ou quelque autre empêchement le forçait à l'omettre ce jour-là, il la reprenait toujours le lendemain. Chaque six mois, il traitait une nouvelle série de sujets, qui comprenait une vingtaine d'instructions; et ainsi toutes les jeunes sœurs avaient l'avantage de suivre un cours assez complet d'instruction religieuse, pendant leur séjour au séminaire. Il expliquait toujours la vie intérieure, et néanmoins chaque série, formant un tout à part, paraissait différente des autres. Sérieux et très-simples, ces entretiens étaient facilement compris et retenus par les intelligences les moins développées. Tout d'abord, M. le Directeur donnait et expliquait la définition de la vie intérieure, de la vraie perfection ou de la sainteté, qui ne sont au fond qu'une seule et même chose. « Si l'on veut être saint, disait-il, il faut travailler à la perfection propre à l'état dans lequel la Providence nous a placés; mais, sans la vie intérieure, il n'y a pas de perfection possible. » Ensuite, il exposait les avantages de la vie intérieure, les obstacles à vaincre pour vivre de cette vie d'union à Dieu et les moyens d'y parvenir, revenant à tout propos sur la nécessité de joindre la vie de Marie à celle de Marthe, à l'exemple du glorieux patron du séminaire, saint Joseph.

Dans les instructions sur les vœux, il s'attachait à faire comprendre aux Filles de la Charité tout ce qu'il y a de beau, de grand, de sublime, d'avantageux dans leur saint état. Le regard fixé sur la pureté sans tache du divin Epoux des vierges, il

se montrait saintement sévère dans l'explication
de leurs obligations. Il n'admettait pas de milieu,
il fallait choisir : ou faire les saints vœux et demeurer fidèle, en prenant la ferme résolution de
mourir à la nature, ou bien renoncer à la dignité
d'épouse du divin crucifié. Pour donner un corps
à sa pensée et la graver d'une manière ineffaçable
dans l'esprit et dans le cœur, il empruntait à
la sainte Ecriture l'allégorie de l'holocauste :
« Dans les sacrifices de l'Ancien Testament, disait-
il, il y avait trois moments solennels : la victime
était 1o immolée, 2o déposée sur l'autel, 3o consumée
par le feu. Dans le sacrifice que vous faites de vous-
même à Dieu, il y a aussi trois moments solennels :
1o l'immolation, par le renoncement et la mort à
vous-même ; 2o la déposition sur l'autel, par votre
consécration ; 3o la consommation de la victime,
qui est pour vous le plus parfait, l'essentiel, et
qui consiste à vous consumer par le feu du divin
amour. »

Une autre année, il développait les trois pensées suivantes : il est bon de faire les vœux ; il
est mieux de les renouveler ; mais la perfection
c'est de les accomplir. Le développement métho-
dique, simple et pratique de ces grandes vérités
inondait de lumière, faisait toucher du doigt la
nature des vœux, les graves obligations qui en
résultent, et les immenses avantages qu'ils pro-
curent. Les doutes, les tentations disparaissaient,
le calme renaissait dans les âmes agitées, et les

5

cœurs se sentaient de plus en plus pénétrés de reconnaissance envers Dieu, d'estime et de véné= ration pour tout ce que notre saint Fondateur a établi.

Toujours égal et conséquent, toujours sous le poids de la responsabilité que lui imposait sa grande mission, M. Vicart confirmait son ensei- gnement public par ses avis particuliers, qui en étaient le commentaire authentique et l'applica- tion individuelle. Une jeune sœur, qu'il exhortait à la vie de sacrifices, lui répondit ingénument : « Mon père, je n'en ai point à offrir à Dieu, car je vis au milieu de personnes qui ne cherchent que mon bien, et ne me donnent aucun sujet de sup- port. » Le Père directeur reprit alors, avec cette sagesse et cet esprit de foi qui le distinguaient : « Quand la sainte Vierge donnait ses soins à l'en- fant Jésus, elle y éprouvait beaucoup de plaisir ; vous ne direz pas, je pense, qu'elle n'avait pas de mérite, que sa vie n'était pas alors une vie de sacrifices. C'est l'amour qui est la mesure du mé- rite.» Pour affermir cette sœur dans la voie infail- lible de la vraie perfection, il lui conseillait, dans une autre circonstance, de prendre le parti qui lui coûtait le plus, par le seul motif qu'en cela il y avait plus d'amour.

Comme saint Vincent, il avait constamment Jésus crucifié devant les yeux, il méditait sans cesse les stations du chemin de la Croix. Il suggé- rait cette pratique aux malades, aux cœurs affligés, aux âmes désolées par la sécheresse. Il voyait dans cette union à Jésus crucifié un des moyens les plus certains d'avancer dans la vie spirituelle, la pratique la plus sainte et la plus sanctifiante. Il parlait de Jésus crucifié en homme qui l'a profondément étudié.

Pendant le carême, il prêchait chaque vendredi sur la Passion de Notre Seigneur, et y découvrait une manière toujours nouvelle de toucher les âmes. Successivement, il en montrait les fruits surabondants, redisait avec tendresse l'amour du Sauveur, exaltait sa miséricorde infinie, inspirait une douce confiance dans les mérites du divin Rédempteur, et communiquait à son auditoire attendri l'ardent désir de souffrir quelque chose pour celui qui a tant souffert pour nous.

Sa voix devenait alors animée et suppliante : « Oui, disait-il, une seule chose est nécessaire, c'est la connaissance de la croix. En la possédant on possède tout. Oh ! aimons donc la croix, soyons heureux d'y être attachés, et, sous quelque forme qu'elle se présente, embrassons-la de bon cœur. Jetons-nous dans ses bras, et, de ses bras, passant dans ceux de Notre Seigneur, nous assurerons notre gloire pour l'éternité. » Du reste, M. Vicart profitait de toutes les occasions, pour montrer que le moyen le plus sûr d'arriver à Jésus, c'est la souffrance : « Allons, ma pauvre sœur, disait-il à celles qui lui faisaient la confidence de leurs épreuves, soyez tranquille ; l'union à Dieu par la souffrance est la meilleure, la plus pure, la seule qui ne soit pas sujette aux illusions. Tenez-vous donc doucement unie à Jésus, sans chercher ailleurs de vaines consolations, jetez de temps en temps un regard d'amour sur votre crucifix ! »

Pendant le mois de mai, M. Vicart traduisait sa tendresse filiale envers Marie dans les instructions qu'il se réservait d'adresser deux fois par semaine à la Communauté ; il saisissait avec bonheur cette belle occasion de louer la Mère de Dieu et des hommes et de la faire mieux connaître, aimer et imiter par les Filles de la Charité. « Il nous montrait en Marie Immaculée, rapportent les sœurs qui l'ont entendu, le modèle de la perfection à laquelle doit tendre une Fille de la Charité ; il aimait à nous rappeler ce que la petite Compagnie doit à Marie, ce que lui doit chacune de nous : — Parcourez votre vie, nous disait-il, et je suis sûr qu'il n'y en a pas une seule qui ne soit obligée de convenir avec moi que c'est à Marie qu'elle doit la grâce de sa vocation et bien d'autres encore. C'est elle qui a aplani tels obstacles, qui vous a gardées dans telles et telles circonstances. — Ce que notre bon Père cherchait avant tout, c'était de nous inspirer pour Marie un amour effectif, dévoué, généreux ; c'est pourquoi il nous avertissait souvent de ne pas nous contenter de sentiments tendres et pieux, ajoutant qu'il est bien meilleur de mener comme Marie une vie cachée, une vie d'union à Jésus, une vie de sacrifices. »

M. Vicart avait particulièrement à cœur la propagation du culte de saint Joseph ; c'était un vrai bonheur pour lui de faire connaître et aimer davantage parmi les Filles de la Charité le Père nourricier de l'Enfant Jésus, l'angélique Epoux de l'Immaculée Mère de Dieu. Dans ses prédications, il se complaisait à leur montrer, dans le chef choisi par Dieu lui-même pour gouverner la sainte Famille, le puissant protecteur de l'Eglise catholique, qui n'est qu'une extension de la divine famille de Nazareth, le vigilant protecteur de leur petite Compagnie, et le gardien jaloux de la vocation de chaque sœur, mise, dès l'entrée au séminaire, sous son patronage. Les substantielles instructions que M. Vicart déduisait des exemples de saint Joseph sont si remarquables, les applications qu'il en faisait à la vie des Filles de la Charité si justes, qu'on ne résisterait pas au désir de les transcrire textuellement, si les limites d'une notice le comportaient.

Une grâce insigne, obtenue par les ferventes supplications de la Communauté en faveur du zélé directeur lui-même, devint l'occasion de l'établissement du mois de saint Joseph dans la Maison-Mère. En 1866, un an seulement après la mort du respectable M. Aladel, une grave maladie conduisait son vénéré successeur aux portes du tombeau. La veille de la fête de saint Vincent, il avait confessé toute la matinée et une grande partie de la soirée ; le jour même de la fête, il assista à tous les offices.

Le soir, un missionnaire entrant dans sa chambre
le trouva appuyé sur son lit et dans l'attitude d'une
grande souffrance. Questionné sur son état, il
répondit péniblement : « Oh ! je *vivote* depuis
quelques jours ! » Le médecin appelé en toute hâte
constata des symptômes alarmants et une complication interne, dont il ne parvenait pas à discerner
la cause première. Menacées de la perte d'un père
si dévoué et si nécessaire à leur Compagnie, les
Filles de la Charité, surtout à la Maison-Mère, se
répandaient en ferventes prières, multipliaient les
vœux et les sacrifices pour sa conservation. N. T. H.
Père, M. Etienne, vivement affecté lui-même,
leur disait et leur répétait : « Oh ! vous pouvez
bien prier ! Quand le bon M. Aladel est mort, j'avais
M. Vicart à vous donner ; mais je n'ai qu'un
M. Vicart. Les ressources de l'art ne suffisaient
pas à conjurer un péril de plus en plus imminent.
D'une voix unanime, on résolut de tenter un effort
suprême auprès de Dieu, et de solliciter la gué-
rison miraculeuse du vénéré malade par l'intercession de saint Joseph, pour lequel on savait qu'il
professait un culte spécial. Une neuvaine en son
honneur commença aussitôt, et se continua avec
un élan extraordinaire de confiance et de ferveur.
Notre Seigneur daigna exaucer les prières et les
vœux de ses fidèles servantes, présentés par son
Père nourricier. Avant la fin de la neuvaine,
l'habile médecin de Saint-Lazare, guidé par un
point blanchâtre qu'il n'avait pas remarqué jus-

qu'alors, découvrit au côté droit un dépôt purulent
très-profond, qu'il était urgent d'évacuer ; il fit
hardiment une opération extrêmement périlleuse,
réussit comme par miracle à conjurer à temps une
complication mortelle, et, à force de soins visiblement bénis du ciel, retira son cher malade du
bord du tombeau. Peu de temps après, M. Vicart
entrait en convalescence, et après avoir essayé ses
forces dans quelques petites promenades, il revenait à ses occupations ordinaires et se hâtait,
malgré sa faiblesse et l'enflure des pieds, de
reprendre la direction des sœurs du séminaire,
voulant au moins recevoir celles qui étaient dési-
gnées pour la prochaine prise d'habit. Peu à peu
ses forces augmentèrent, et son rétablissement
parut complet. Le premier dimanche où il put
assister à la grand'messe de la Communauté,
s'adressant aux sœurs, il leur dit d'une voix
émue : « Je vous remercie des prières que vous
avez faites pour moi ; aussi ai-je contracté envers
vous une dette de reconnaissance. Oh ! que je
serais heureux de l'acquitter, en me dévouant tout
entier pour le bien de la Communauté et de chacune
de vous en particulier ! »

La Communauté, aussi bien que M. le directeur,
avait contracté une dette encore plus sacrée envers
le glorieux saint Joseph, puisque c'était à sa puissante et paternelle intercession qu'on devait évidemment une santé si précieuse. Aussi, au mois
de mars 1867, M. Vicart, bien rétabli, eut la con-

solation de satisfaire un désir unanime et de remercier dignement son céleste protecteur, en inaugurant à la Communauté le mois de saint Joseph, pendant lequel il prêcha chaque mercredi sur les gloires du saint patriarche et présida lui-même tous les soirs la récitation des litanies. Le zèle, l'exemple et les magnifiques prédications du pieux directeur augmentèrent sensiblement la dévotion à ce grand saint, et depuis, chaque année, les exercices du mois de saint Joseph se sont faits avec la plus grande régularité et la piété la plus édifiante.

M. Vicart ne laissait passer aucune occasion d'éclairer et de ranimer la piété de son troupeau, de donner de salutaires avis, toujours utiles à quelques âmes. « Nous goûtions beaucoup, disent les sœurs, les courtes réflexions dont il faisait suivre l'annonce des communions de la semaine, chaque dimanche, à l'issue de la grand'messe. Ordinairement, c'était une application pratique de l'évangile du jour, d'un mystère ou de la vie d'un saint dont la fête devait se célébrer dans la semaine. Ces paroles pleines d'onction enseignaient à méditer sur le texte de la liturgie sacrée ; on savait mieux découvrir dans le saint évangile l'aliment quotidien de l'âme, on ressentait une nouvelle ardeur pour y conformer sa conduite. En parlant des saints dont le genre de vie semble le plus opposé à celui des Filles de la Charité, il nous engageait à remercier l'Eglise, qui recueille

si avidement tout ce qui peut nous manifester la
puissance de la grâce dans les âmes généreuses.
Il nous disait encore que l'usage établi dans la
Communauté de lire la vie des saints n'a pas pour
but de divertir notre esprit pendant quelques instants, mais plutôt de nous édifier, en procurant à
chaque sœur l'occasion de recueillir, dans des vies
si diverses, ce qui convient au saint état qu'elle a
embrassé et à ses besoins particuliers. Pour cela,
il employait la comparaison des abeilles, qui vont
butiner sur les fleurs les plus diverses, pour ne
former cependant de ces différents sucs que le
miel qui leur est propre. Par exemple, le dimanche
avant la fête de sainte Thérèse, reprenant son
thème favori de la vie de Marie unie à celle de
Marthe, il nous parlait en ces termes : « Priez
sainte Thérèse de vous obtenir un peu de cette
charité dont son cœur brûlait pour Notre Seigneur,
un peu de cette obéissance qui lui faisait préférer
cette vertu à ses fondations et à ses révélations,
un peu de cette humilité qui l'anéantissait à ses
propres yeux, quoiqu'elle fût plus éclairée que
tous les docteurs de son temps. Voilà le secret pour
ressembler à sainte Thérèse, quoique vous ne por-
tiez pas l'habit des carmélites. »

Dieu seul connaît les effets salutaires que ces
paroles si simples ont produits dans nos âmes.
Elles étaient méditées, répétées aux absentes,
écrites sur les images de l'illustre réformatrice du
Carmel, et faisaient ainsi du bien même aux sœurs

que leurs offices ou leurs infirmités privaient du
bonheur de les entendre à la chapelle. Le premier
dimanche de carême, il dressait en quelques mots
le programme de la pénitence chrétienne. « L'évangile de ce dimanche, disait-il, nous donne trois
enseignements que vous méditerez pendant cette
semaine. Notre Seigneur va au désert, où il jeûne,
prie et garde le silence. Vous vous appliquerez à
mortifier vos inclinations, à prier, et, avec Jésus,
vous aimerez à garder le silence et le recueillement.
Il s'y rend par l'impulsion du Saint Esprit : ce qui
vous apprend à suivre fidèlement toutes les bonnes
inspirations que vous recevez. Jésus a voulu être
tenté trois fois ; dans ces trois tentations sont
renfermées toutes celles que vous éprouverez.
Notre Divin Sauveur les a repoussées ; vous devez
donc, pendant ce saint temps de carême, les com-
battre avec plus de courage et de générosité que
jamais. » Et ainsi jetée à propos, tombant dans
une terre bien préparée, la divine semence prenait de
l'accroissement et multipliait, selon l'expression
du livre des Actes : « *Verbum autem Domini
crescebat et multiplicabatur.* »

Ce n'était point assez d'instruire en général les
Filles de la Charité, de les initier en commun à la
pratique de la vie intérieure, de retracer en public
le magnifique tableau des prérogatives de leur
vocation, de les exhorter fréquemment au généreux accomplissement des devoirs inhérents à leur
sainte profession. La divine semence, reçue avec

joie dans les cœurs, devait y être protégée et
défendue contre les ennemis divers que la para-
bole évangélique nous montre ligués pour l'empêcher de germer, pour la dessécher ou l'étouffer ;
il fallait donc des soins assidus, une vigilance
continuelle.

C'est ce que le Père directeur faisait dans les
séances quotidiennes de cabinet ; là, chaque sœur,
à son tour et selon ses besoins, venait chercher les
leçons particulières que ne comporte pas le cadre
de l'enseignement général, la solution des difficultés personnelles, le remède à tel mal, l'application à telles et telles circonstances de ce qu'elle
avait entendu. Ce ministère demande évidemment
des qualités bien rares, le discernement et le tact,
la science des voies si diverses par lesquelles Dieu
conduit les âmes appelées à un même état, la
bonté et le dévouement, en un mot, la plénitude
de l'esprit de Dieu. C'est surtout dans cette fonc-
tion que le représentant du Supérieur général se
montre père et directeur des Filles de la Charité,
c'est là surtout qu'il vérifie ce double titre.

Ecoutons quelques-unes des sœurs dirigées par
M. Vicart ; seules, elles peuvent nous fournir des
renseignements authentiques sur ces communications intimes, qui n'ont pas d'autre témoin que
Dieu, en présence de qui elles se font. « Chacune
de nous, déclarent-elles, était convaincue de l'intérêt vraiment paternel qu'il nous portait. Le nom
de père, que nous étions si heureuses de lui don-

ner, n'était pas une pure formule d'usage ; car
Dieu, en le constituant père de nos âmes, avait
fait naître dans son cœur les sentiments de la plus
tendre paternité. Il nous aimait pour Jésus, et il
nous voulait entièrement à lui. Son grand esprit
de foi lui faisait voir en chacune de nous une
épouse de Jésus-Christ. Aussi, s'il nous recommandait de nous respecter mutuellement, il était
le premier à nous donner l'exemple de ce religieux
respect. La plus jeune, comme la plus ancienne,
était accueillie avec une bonté respectueuse qui
nous édifiait et nous confondait. Jamais une
parole rude, railleuse ou désagréable. Sérieux et
réfléchi par caractère et par devoir, il savait néanmoins mêler à ses entretiens quelque joyeuse saillie
de son esprit, surtout lorsqu'il s'agissait de dissiper
un nuage. Mais il usait de ce moyen avec tant de
convenance, de simplicité et de réserve, que c'était
encore un enseignement pour nous.

Il était bien le vrai représentant de notre Père
céleste, par ses vues constamment surnaturelles,
sa simplicité et sa tendre bonté, comme par son
caractère, ses fonctions et l'imposante dignité de
son maintien. Nous approchions ce bon Père avec
un abandon filial, joint au respect profond et à la
vénération qu'inspire la vue d'un saint prêtre. En
toutes circonstances et en tous lieux nous aimions à
le considérer comme l'homme de Dieu, marchant
continuellement en présence de son divin Maître.
Sa grande charité le rendait toujours prêt à nous

recevoir, lorsque nous frappions à sa porte. Que de fois n'a-t-il pas dû interrompre une lecture ou une lettre commencée, pour se mettre à notre disposition !

Il tint si bien la résolution prise dès le commencement de se faire tout à toutes, que, dans les derniers temps de sa vie, malgré ses grandes souffrances, il voulait recevoir toutes celles qui se tenaient à sa porte. Lorsqu'on venait l'avertir que la voiture l'attendait, il fallait d'abord éloigner les sœurs qui n'avaient pu être admises. C'était une peine réelle pour lui de les renvoyer sans leur rien dire.

Telle était la charité, tel le dévouement de notre zélé directeur ; s'immoler du matin au soir pour le bien de la Communauté et la sanctification de nos âmes, consumer ses forces, sans jamais trouver ses fatigues excessives, voilà sa vie au milieu de nous, vie d'un homme mort au monde, vie cachée avec Jésus-Christ en Dieu. Un jour, une sœur osa lui dire tout haut ce que la plupart se disaient entre elles : — Mon Père, vous êtes vraiment cruel pour vous, vous vous tuez. A quelque heure, à quelque moment que l'on frappe à votre porte, vous l'ouvrez de suite. Mon Père, je vous en supplie, ayez donc un peu pitié de vous-même et aussi de nous, afin que nous vous conservions plus longtemps. — Mais, comme vous savez bien prêcher, répondit-il en souriant !... Je ne m'en doutais pas !... Que voulez-vous, ma pauvre sœur, il ne faut pas remettre au lendemain ce qu'on peut faire tout de suite.

« Son admirable discrétion, qu'on n'avait jamais surprise en défaut, nous entraînait vers lui et nous inspirait une confiance sans bornes. On en usait, on en abusait, la foule se pressait à sa porte, se formait et se reformait sans interruption. Toutes les sœurs étaient accueillies avec une égale bonté, avec une compassion délicate, avec la charité du bon Samaritain. Notre bon Père directeur se serait fait scrupule de rebuter de pauvres filles tentées, peinées, découragées, quelquefois faibles de corps et d'esprit. Se croyant, avec le grand Apôtre, obligé de servir les sages et les insensés — *Sapientibus et insipientibus debitor sum* — il se donnait à toutes jusqu'à complet épuisement de forces, il se dépensait pour le bien de nos âmes. Il y avait tant de tact, de justesse, d'à-propos, d'amabilité, de piété, de finesse d'esprit, dans les quelques mots qu'il adressait à chacune, qu'on se retirait admirablement consolé et réconforté. On retenait ses paroles comme une salutaire leçon ; on les méditait comme une source de divines lumières.

« Il nous accueillait toutes avec une grande affabilité, mais son meilleur accueil était réservé aux nouvelles arrivées. Lorsqu'il voyait une sœur pour la première fois, il lui témoignait la plus paternelle bienveillance ; son œil pénétrant saisissait si bien l'embarras qu'on éprouve généralement

lorsqu'on se présente devant les supérieurs, surtout dans les premiers jours de la vocation, qu'il
ne manquait pas de laisser tomber de ses lèvres
quelques paroles aimables, de nature à rassurer et
mettre à l'aise les plus timides : — Soyez la bien-
venue, ma bonne sœur. Vous êtes-vous bien
reposée de votre voyage? Allons, ici vous êtes
chez vous ; n'allez pas vous ennuyer avec nous.
Nous nous reverrons, n'est-ce pas ? Vous saurez
bien retrouver le chemin de notre cabinet ? — Ces
quelques mots si simples, prononcés avec l'accent
du plus sincère intérêt, traduisaient si parfaitement·
son désir de nous faire du bien, que la crainte
involontaire dont on était saisi disparaissait aussitôt, pour faire place aux sentiments de la
confiance la plus entière et du respect le plus
filial. Il écoutait ensuite nos petites communications avec attention et patience, suivant chaque
parole, comme s'il n'avait rien eu de plus impor-
tant à traiter. Quelquefois il adressait des questions,
mais avec une telle délicatesse, qu'on ne doutait
pas que le zèle le plus pur et l'espoir d'être plus
utile ne fussent son unique mobile. Aussi lui
découvrait-on sans hésitation les plis et les replis
de son cœur. On lui confiait sans peine des secrets
et des difficultés de tout genre, sachant bien que
de ces aveux il ne résulterait aucun fâcheux incon-
vénient. Après avoir écouté et questionné, il
demeurait un moment silencieux. Il suffisait de
voir son attitude, pour comprendre qu'il se recueil-

lait en Dieu et attendait son inspiration : — Le vrai, l'unique directeur des âmes, disait-il, c'est le Saint-Esprit ; c'est donc sa voix qu'il faut surtout écouter.

« Lorsque la chose qu'on lui soumettait demandait un peu de réflexion, et que la réponse pouvait être différée, il disait : — Laissez-moi y penser un peu devant le Bon Dieu ; vous reviendrez plus tard. — Lorsqu'il avait tout examiné et pesé devant Dieu, il donnait en peu de mots une réponse claire et précise, qui n'admettait ni réplique ni malentendu. L'intime persuasion qu'une sagesse supérieure dictait ses réponses nous faisait immédiatement acquiescer avec reconnaissance.

« En se soumettant, on sentait s'évanouir, souvent pour ne plus reparaître, des perplexités et des doutes dont on avait l'âme bouleversée depuis plusieurs années.

« Dans sa manière de donner les avis, les conseils, les encouragements et les leçons, il savait parfaitement unir la bonté qui attire suavement et la fermeté qui réprime et maintient. Le don de discernement, que Dieu lui avait départi si largement, l'aidait à user de l'une et de l'autre très à-propos.

« S'il était patient à l'égard des plus ignorants, compatissant pour les faibles, il était saintement sévère quand il apercevait la lâcheté et les abus ; et les sentiments d'humilité qui remplissaient son cœur n'affaiblissaient pas l'autorité divine dont

il était revêtu. L'impression que laissait une entre-
vue avec le Père directeur ne s'effaçait jamais.
Celles de nos sœurs qui ne l'ont vu qu'une fois
disent avec reconnaissance : — Jamais je n'ou-
blierai le bien qu'il m'a fait ! — Et les jeunes sœurs
qu'il venait de recevoir pour la première fois
s'écriaient avec une expression de bonheur : —
Nous venons de voir un saint ! oui, il nous semblait
que c'était saint Vincent qui nous parlait ! »

# CHAPITRE V.

LA GUERRE DE 1870 — LE SIÉGE DE PARIS — LA COMMUNE
— DÉVOUEMENT ET SOUFFRANCES DE M. VICART.

Depuis cinq ans, M. Vicart avait mis au service
des Filles de la Charité toutes les ressources de
son savoir, de sa piété, de son expérience et de
son dévouement ; chaque jour, sans jamais comp-
ter ni se ménager, il dépensait son temps, sa persévérante énergie et ses forces, pour leur sanctification et le succès de leurs œuvres. Les temps
mauvais approchaient cependant ; des malheurs
inouïs, des catastrophes inattendues allaient soudain fondre sur la France et sur la capitale en
particulier. Mais le grand cœur du Père directeur
sera à la hauteur des circonstances et il saura
donner sa vie pour remplir sa mission jusqu'au
bout ! En effet, la longue et cruelle maladie qui
nous l'a enlevé n'a été que la suite naturelle et
prévue de toutes les privations physiques et morales qu'il eut à endurer ; les plus poignantes
émotions, des peines de tout genre vinrent alors
aggraver son immense responsabilité et brisèrent
à jamais son cœur si sensible. Il en était lui-même
si persuadé que, sentant sa fin prochaine et s'en-
tretenant avec un de ses confrères, il lui disait :

« Je meurs victime du siége et de *la Commune !*
Dieu soit béni ! »

Dès le mois d'août 1870, après les premières
défaites des armées françaises, l'horizon s'assom-
brissait de jour en jour, d'heure en heure. Une
retraite avait lieu à la communauté ; il fut décidé
qu'elle se terminerait le sixième jour, et, après la
messe de communion générale, l'ordre fut donné
aux retraitantes de rentrer sans délai dans leurs
maisons respectives. On comprit alors que les
jours des grandes épreuves allaient se lever.
Parmi les sœurs, l'alarme était grande ; les unes
accueillirent cette perspective de graves événements avec assez de calme et de confiance, heureuses de trouver un champ plus vaste ouvert à
leur dévouement ; d'autres, moins confiantes ou
moins maîtresses de leur imagination, subirent le
contre-coup de la panique universelle. Inquiètes,
effrayées, plusieurs se précipitent chez M. le
Directeur : « Qu'allons-nous devenir, mon Père ?
— Comment ! Vous avez peur ? Mais vous plaisan-
tez ! Et la sainte Vierge, qui a apparu dans votre
chapelle, croyez-vous qu'elle va vous abandonner ? Et le bon saint Joseph, ce grand protecteur
de la Communauté ? Allons, allons, les Prussiens
ne viendront pas ici ; et, s'ils venaient, j'irais les
recevoir le premier et je leur dirais qu'ils n'ont rien
à faire chez nous ! » Cet entrain, cette assurance,
qu'une haute vertu pouvait seule inspirer dans
un temps de si vives et si légitimes appréhensions,

se communiquaient et donnaient du courage aux plus timides.

Le 5 septembre, après le désastre de Sedan et la proclamation de la République, M. Etienne quittait Paris, de l'avis de son conseil, et déléguait à M. Vicart, son premier assistant, la lourde charge de le représenter pendant le siége, qu'on prévoyait imminent, dans le gouvernement des deux Maisons-Mères comme dans la direction des missionnaires et des sœurs renfermés dans la capitale et sa banlieue. Plein de foi, habitué à accepter sans réplique les sacrifices inhérents à l'obéissance religieuse, M. Vicart reçut cette redoutable mission avec une parfaite égalité d'âme, qui ne devait pas se démentir un instant. Quelques jours après le départ de M. le Supérieur général, le 19 septembre, Paris était complétement investi par l'armée allemande. Le personnel de Saint-Lazare avait été très-considérablement réduit par l'envoi en province des séminaristes, des étudiants et d'un bon nombre de prêtres ; cependant les maisons particulières des Filles de la Charité réclamaient plus instamment que jamais le ministère des missionnaires pour la confession ; et on avait grand'peine à suffire à tant d'ouvrage. Malgré l'oppression que lui causaient les séances de confessionnal, surtout depuis sa maladie de 1866, M. Vicart voulut porter sa part de la surcharge générale. Prêt à entrer au saint tribunal à toute heure, selon la commodité de chaque pénitente, il rassu-

rait ainsi celles qui craignaient de trop le fatiguer : « Venez le jour et à l'heure que vous pour-
rez, soit ici, soit à Saint-Lazare ; ne vous gênez
pas par crainte de me gêner. Vous savez que
mes occupations ne sont pas grandes pour le moment, je puis facilement me mettre à votre disposition ; ce qui importe surtout, c'est que vous
vous arrangiez de manière que vos malades ne
souffrent pas de votre absence. »

Cependant les revers succédaient aux revers ;
les menées des révolutionnaires dans l'intérieur
de la capitale assiégée compliquaient la situation
extérieure, et les difficultés de tout genre allaient
s'aggravant. On demandait des sœurs pour les
ambulances nouvellement ouvertes, et plusieurs
quittaient leurs offices de la Maison-Mère, pour
s'employer au soin des malades. Avant de partir,
elles se prémunissaient de la sainte bénédiction
du Père directeur, qui les accueillait et les encourageait par ces fortifiantes paroles : « Eh bien ! je
suis heureux de la consolation que vous allez ressentir d'être appliquée un peu au service des malades. Cela vous fera du bien de toutes manières. Vous
allez les bien soigner, sans excepter les Prussiens,
s'il s'en trouve à l'ambulance, ajoutait-il en souriant ; ces pauvres gens ne sont pas la cause de
nos malheurs. Soignez bien vos malades, mais ne
soyez pas malade vous-mêmes, cela vous est absolument défendu. » Les âmes étaient profondément
attristées, M. Vicart plus que tout autre portait le

poids de l'accablement commun ; néanmoins, il avait assez d'empire sur lui-même, pour faire extérieurement diversion aux préoccupations du moment et soutenir le courage des pauvres filles dont il était le gardien et le père. Dans ses prônes, dans de petits mots d'encouragement, le fervent directeur inspirait une confiance filiale envers la Providence et entretenait une sainte ardeur. L'esprit de Dieu, accompagnant ses discours et se répandant sur son auditoire, pénétrait tous les cœurs, transformait la Communauté et la conduisait visiblement. Jamais, en effet, on n'y vit plus d'union, de calme, de piété et d'obéissance, on était vraiment heureux, au milieu d'inquiétudes et de privations de toute sorte ; on avait l'intelligence pratique de ces paroles de saint Paul : *Je surabonde de joie, au milieu de toutes les tribulations.*

Après la grâce de Dieu, le principal agent de ce calme surprenant, l'âme de cette ferveur extraordinaire, était M. Vicart. Chaque matin, ou aurait pu voir ce vénérable prêtre, bravant les rigueurs d'un hiver exceptionnellement rude, sortir de Saint-Lazare avant cinq heures et se diriger, la marche appesantie par l'âge et les infirmités, vers sa chère Communauté, où il commençait par l'adorable sacrifice de l'autel la série de ses immolations quotidiennes. Il souffrait tellement du froid, qu'il introduisait, disait-il en riant, *des semelles de papier* dans ses souliers, pour se réchauffer. Ce petit trait prouve qu'il était bien novice dans l'art de mettre son corps à l'aise.

Malgré son égalité constante d'humeur, son calme et son air indifférent, il ressentait vivement les douleurs de la séparation, et la privation complète de nouvelles lui était très-sensible. En certaines circonstances, les angoisses de son cœur se trahissaient à son insu. On venait de mettre en vente des cartes postales qu'on expédiait en province par ballon. Il en fit acheter pour donner à M. Etienne, à Bruxelles, des nouvelles des deux Communautés. Puis apprenant que par ce moyen rien ne parvenait au dehors à son adresse : « Il faut donc se résoudre à vivre dans une ignorance complète du sort des nôtres, s'écria-t-il, et les laisser aussi dans l'incertitude à notre sujet ! Ah ! que le Père doit être inquiet ! Nous pouvons en juger par nos propres angoisses. Mais il faut bien vouloir ce que le bon Dieu veut ! »

A mesure que le siége se prolongeait, les privations augmentaient, et la santé des sœurs commençait à s'en ressentir. Les malades, les anciennes, les jeunes sœurs du séminaire se trouvaient nécessairement les plus éprouvées ; elles étaient donc l'objet des préoccupations du bon Père directeur ; et quand il en parlait, on voyait des larmes rouler dans ses yeux. « Mon Dieu ! Mon Dieu ! disait-il, si l'on pouvait trouver le moyen de donner à ces pauvres sœurs quelque chose qui les soutienne un peu ! » Visitant souvent les infirmeries et s'arrêtant au lit de chaque malade, il consolait, encourageait, dissipait les craintes et les pensées tristes, faisait diversion aux sombres pressentiments. Il administrait lui-même les grandes malades, et il arrivait que deux ou trois réclamaient en même temps le secours de son charitable ministère. La fièvre typhoïde régnait chez les jeunes sœurs et emportait de nombreuses victimes ; les anciennes succombaient plus facilement encore. Le glas funèbre retentissait douloureusement dans son cœur. « Encore une victime ! disait-il en soupirant. Espérons que Dieu lui tiendra compte des privations et des souffrances qu'elle a endurées et qu'elle aura trouvé grâce à ses yeux ! » Pour épargner plus efficacement toute peine inutile aux malades, il cherchait à satisfaire jusqu'aux bizarres désirs que la fièvre ou le délire faisait naître. Une jeune sœur, atteinte de la fièvre typhoïde, ne cessait dans son délire de réclamer un petit jouet pour s'amuser. Sensible aux instances de cette pauvre enfant, M. Vicart s'en procura un en bois, très-bien fait, et le lui apporta. Quelle maternelle condescendance de la part d'un homme aussi sérieux et dans un moment où il était accablé de tant de préoccupations !

Cependant le bombardement avait commencé le 6 janvier 1871 ; M. Vicart, qui jusque là avait pu invariablement rentrer à Saint-Lazare, crut prudent et nécessaire de passer la nuit à la Communauté, dans une chambre de la maisonnette du jardinier. Les accidents qui pouvaient se produire d'un instant à l'autre étaient de nature à causer des alarmes et des inquiétudes, que sa présence, son autorité et son dévouement pouvaient seuls calmer.

Sa sollicitude redoubla ; on le vit examiner attentivement la direction des obus qui passaient sur la Communauté et éclataient dans le voisinage. Il allait lui-même dans les offices désigner les endroits les plus exposés, recommandait de ne pas s'y tenir, entrait dans les moindres détails pour prévenir le danger. Durant la nuit les bombes ne cessaient de tomber, répandant partout l'épouvante ; il se levait souvent, pour s'assurer si le feu n'était pas à la maison. Dans ces conditions, le sommeil était presque impossible ; on craignait avec raison que le Père directeur ne succombât bientôt à la fatigue. Son entrain, les mots par lesquels il rassurait tout le monde, ne rassuraient personne sur son compte. Mais une force surnaturelle le soutint, et il ne quitta pas un instant son poste de gardien vigilant.

Enfin, le 24 janvier, le bombardement cessa ; le 29, les portes de Paris s'ouvraient, et les communications avec l'extérieur commençaient à se rétablir ; les ambulances étant évacuées les unes après les autres, les sœurs qui avaient été employées au service des malades et des blessés rentraient successivement dans leurs anciens offices. Au retour, elles s'empressaient auprès du bon Père directeur

pour recevoir sa bénédiction et lui rendre compte
de leur petite mission. Il écoutait avec beaucoup
d'intérêt les détails que chacune d'elles était heu-
reuse de lui raconter, s'associait aux tristesses qui
avaient brisé leurs cœurs comme aux consolations
qui les avaient relevés et soutenus. Tout paraissait
rentrer dans l'ordre ; on croyait la grande épreuve
finie, et on se flattait de l'espoir du prochain
retour de M. le Supérieur général. Il fut même
décidé qu'on profiterait des premiers jours de
tranquillité et de repos, pour ouvrir les exercices
de la retraite annuelle. Cependant M. Vicart était
loin de se faire illusion sur la réalité de la situation. Le premier jour de la retraite, après avoir
exhorté les sœurs à la reconnaissance envers le
bon Dieu, qui les avait visiblement protégées
contre les plus imminents dangers, il les pressait
de mettre de nouveau toute leur confiance en
Marie, qui continuerait de les défendre : « Nous
venons de passer des jours bien mauvais, leur
dit-il, nous avons été assaillis de difficultés et de
périls ; mais nous pouvons encore voir, même pro-
chainement, des jours plus mauvais ; nous pouvons être exposés à des dangers plus grands !
Cependant, quand on a Marie pour mère et le bon
saint Joseph pour protecteur, quand on sait
s'abandonner avec une entière confiance à la Providence de Dieu, on ne doit rien craindre. Quelle
que soit la méchanceté des hommes, il ne peut
nous arriver que ce que Dieu permettra, et il

saura toujours nous tirer du péril. » Ces tristes
prévisions ne tardèrent pas à se réaliser ; des jours
plus mauvais commencèrent vers le milieu du
mois de mars et la Commune fut proclamée. Dès
lors, le prêtre ne pouvant plus se montrer dans
les rues sans s'exposer à être insulté, maltraité
ou jeté en prison, M. Vicart dut consentir à passer
de nouveau la nuit dans la maisonnette du jardinier. Il put de la sorte, sans s'exposer à de
fâcheuses rencontres ni alarmer la Communauté,
célébrer chaque jour la première messe à l'heure
ordinaire et y distribuer la sainte communion.
Pour exciter à beaucoup prier, il disait alors :
« Nous sommes en présence de grands dangers
qui vont s'aggravant de jour en jour ; il faut
néanmoins demeurer calmes, bien unis à Notre
Seigneur et prêts à tout ce qu'il voudra de nous.
Espérons toujours en sa miséricorde, abandon-
nons-nous à sa Providence, qui ne nous fera
jamais défaut. » Cependant il faisait prendre les
précautions nécessaires, afin de faire face à une
surprise de plus en plus probable, car, tous les
jours, on apprenait que d'autres communautés
avaient reçu la sinistre visite des redoutables
délégués de la Commune qui portaient partout la
terreur et la désolation.

Pourtant les offices de la semaine sainte purent
se faire comme à l'ordinaire. Le samedi saint, une
sœur dit à M. Vicart : « Vraiment, on ne se sent
guère disposé à chanter l'*Alleluia* cette année, car

nous demeurons sur le calvaire même le saint
jour de Pâques. — C'est vrai, répondit-il ; si l'on
n'écoutait que les sentiments de la nature, on s'y
refuserait ; mais il faut s'élever plus haut, et, au
milieu des tristesses d'ici-bas, nous chanterons
l'*Alleluia* du ciel, l'espérance de la résurrection !»
Ensuite, sa pensée se reportant sur les otages
jetés en prison, il s'écria : « Ah ! quelle fête de
Pâques ils vont avoir ! Mais Dieu sera leur force
et leur consolation ! »

Il s'attendait à être bientôt du nombre de ces
confesseurs de la foi ; la perspective de son incar-
cération prochaine et du martyre qui en serait
vraisemblablement le terme, était loin d'effrayer
et d'abattre cette âme forte. « Le directeur du
séminaire de Saint-Sulpice, M. Icart, vient d'être
pris, dit-il un jour ; il n'y a pas grande différence
dans les noms, car il ne manque qu'une lettre, un
V, pour faire Vicart. — Ah ! mon Père, s'écria une
sœur qui avait entendu ce rapprochement, il ne
vous prendront pas, ces méchants ! S'ils venaient
vous chercher, nous ne vous laisserions pas saisir ;
nous prendrions plutôt votre place ! »

Le Père directeur souriait, en écoutant ces
ardentes protestations de fidélité, de dévoûment et
de confiance. « Ce sera comme le Seigneur voudra,
ajouta-t-il ; sa sainte volonté toujours et en tout !
Pour moi, je suis prêt à tout ce qu'il lui plaira
d'ordonner à mon égard. »

Dans ce temps d'amères tristesses, son cœur

était surtout navré des sacriléges attentats commis
dans les églises. Toutes les fois qu'il entendait
parler de la profanation des saintes Espèces, de ces
horribles sacriléges qui se renouvelèrent, hélas ! si
souvent pendant *la Commune*, il en éprouvait une
si vive douleur que, le visage empreint de tris-
tesse, il s'écriait d'une voix émue : « Oh les mal-
heureux ! les misérables ! que Dieu est patient ! »
Puis, joignant les mains et fermant les yeux, il se
recueillait un instant pour faire amende honorable
à Jésus outragé. S'oubliant lui-même, ou plutôt se
sacrifiant pour tous, M. Vicart laissait ses confrères
libres de quitter Paris et en engageait plusieurs à
se soustraire par la fuite aux recherches des assas-
sins, ne voulant conserver à Saint-Lazare que les
prêtres absolument nécessaires ou infirmes. « Vous
ne pensez guère à vous, mon Père, lui disait-on ;
vous restez ici pour nous, et cependant le danger
devient d'heure en heure plus imminent ; nous
aimerions mieux vous savoir à l'abri. — Moi quitter
la Communauté ! Ah ! je me le reprocherais amè-
rement ! Pour le peu de jours qui me restent à
vivre, il ne m'arrivera que ce que le bon Dieu
voudra. Je resterai à mon poste jusqu'à la fin ! »
Le mois d'avril s'écoula, sans que *la Commune*
envahît aucune des maisons des Filles de la Charité ; mais il était de toute évidence que l'heure des
perquisitions, du pillage et des expulsions, allait
sonner pour les enfants de saint Vincent, comme
comme pour les autres communautés. Le pieux et

dévoué directeur était toujours là, enseignant de parole et d'exemple que lorsqu'il n'y a plus rien à espérer du côté des hommes, il faut se tenir plus près de Jésus et tout attendre de lui par Marie Immaculée.

Le 30 avril, il fit en ces termes l'ouverture du mois de Marie. « Nous allons commencer ce mois béni, qui se présente ordinairement à nous sous des aspects si doux et si consolants ; tout dans la nature sourit et nous invite à louer Marie. Cette année, cette touchante manifestation de notre filiale dévotion nous trouve plongés dans les pensées les plus tristement sérieuses ; on se refuserait presque à faire les exercices ordinaires de ce mois béni. Mais il faut nous élever plus haut. Oui, redoublons de ferveur et rendons de notre mieux à notre Mère les hommages qui lui sont dus. Elle est notre Mère ! cela ne nous suffit-il pas ? Ne nous en a-t-elle pas donné des preuves ? Elle continue de nous en donner, elle nous en donnera toujours. Honorez-la donc d'un culte tout particulier. Et pour cela vous ferez trois choses : vous la prierez, vous lui offrirez vos travaux, vous unirez vos peines, vos inquiétudes et vos appréhensions à celles de Marie, devenue notre Mère au pied de la Croix, sur le Calvaire. Nous ne pourrons pas faire tous les exercices habituels, mais nous tâcherons d'y apporter plus de dévotion que jamais. »

Cependant *la Commune* commençait à s'emparer des maisons de charité ; on chassait les sœurs et on les remplaçait dans les écoles par des maîtresses laïques. Quelques-unes quittaient Paris avec la douleur d'abandonner leurs pauvres enfants entre les mains des ennemis de Dieu ; d'autres accouraient à la Maison-Mère ; le cœur du Père directeur était navré. Un matin, en se rendant à son cabinet, il aperçut plusieurs sœurs à la porte de la T.-H. Mère : « Ah ! mon Dieu, fit-il, en se dirigeant vers elles, c'est encore une maison de nos sœurs qu'on vient de fermer ? — Oui, mon Père. — Pauvres filles ! Pauvres filles ! » Celles-ci s'empressent autour du bon Père, qui les console, les encourage et leur indique de suite une maison de province où il leur garantit un parfait accueil. Cette petite famille ne s'était pas encore éloignée, qu'une autre sœur servante, suivie de ses compagnes, venait à son tour recevoir un mot d'encouragement et une destination provisoire. Sous le poids des anxiétés qui l'oppressaient, le Père directeur répétait cet acte d'humble et filiale soumission aux desseins de Dieu : « Adorons les vues de la Providence, sans les connaître. Qui sait à quoi sont exposées ici les maisons de nos sœurs ? Ce qui nous fait maintenant de la peine, leur expulsion et leur exil, est peut-être un moyen de préservation. Les méchants, sans se douter du bien qu'ils nous font, peuvent être des instruments inconscients de la miséricorde divine pour conserver la Communauté ! » La suite fit voir qu'il ne se trompait pas.

La plupart des maisons des Filles de la Charité

étant déjà abandonnées, tout faisait prévoir que
leur Maison-Mère ne tarderait pas d'être occupée. A
la première annonce d'une prochaine visite domici-
liaire, M. Vicart quitta la maison du jardinier et re-
tourna à Saint-Lazare pour y passer la nuit. Le motif
de cette détermination est facile à comprendre,
quand on sait les scandaleuses calomnies qui
étaient alors l'un des principaux appâts de la presse
révolutionnaire. Néanmoins, le matin, il allait régu-
lièrement dire la messe de cinq heures à la Communauté, donnait la bénédiction du Saint-Sacrement
immédiatement après, pour n'avoir pas à revenir
le soir, et rentrait au plus tôt à Saint-Lazare.
Dans la crainte trop fondée qu'on éprouvait, en le
voyant mettre le pied dans la rue, on lui disait :
« Mon Père, vous êtes vraiment téméraire de faire
si ostensiblement le trajet d'ici chez vous ; votre
costume vous compromet. Vous seriez plus en
sûreté, si vous passiez la nuit comme précédemment dans votre chambrette de la maison du jardinier. — Ah ! il s'agit bien de moi et de ma sécu-
rité ! Que diraient ces méchants, s'il trouvaient un
prêtre blotti dans une petite chambre, au fond de
votre jardin ? Jugez s'ils en écriraient de belles
sur votre Communauté ! sans doute, je ne puis les
empêcher de dire ce qu'ils voudront ; du moins, je
n'aurai rien à me reprocher ! »

Le jeudi, 18 mai, M. Vicart fit une instruction
très-touchante et on ne peut plus opportune sur
les mystères douloureux du Rosaire et l'union

pratique à Marie, Mère de douleur. Le samedi, 20, vers dix heures du soir, la Communauté était envahie de force par une compagnie de fédérés, et les sœurs constituées prisonnières dans leur propre maison, dont toutes les issues furent soigneusement gardées. Quel sort leur réservait-on ? Quels étaient précisément les desseins des émissaires de *la Commune?* On pressentait, on appréhendait, mais on n'avait pas de données positives. On ne connut que plus tard toute l'atrocité de leurs projets homicides. M. Vicart avait prévu cette suprême situation, et avait tout réglé en conséquence. Son premier soin avait été de préserver les saintes espèces des sacriléges attentats des insurgés. Conformément à ses recommandations, le dimanche, 21 mai, de très-grand matin, tandis que leurs geôliers, contenus par une force surnaturelle, stationnaient au parloir transformé en corps de garde, les sœurs entrèrent successivement à la sacristie, où le Saint-Sacrement avait été déposé en secret, et s'y communièrent elles-mêmes, comme les premiers chrétiens, au moment de comparaître devant les persécuteurs. Dignes héritières de la foi et de l'héroïque vertu des vierges martyres de la primitive Eglise, elles recevaient le viatique dans leur sanctuaire devenu une prison, et demandaient au Pain des forts le courage d'affronter sans défaillance les tourments et la mort dont l'heure semblait venue !

Dès quatre heures du matin, nonobstant la garde

7

sévère qu'on faisait aux portes de la Communauté,
il y avait eu moyen de correspondre avec l'extérieur, par l'Hôpital des Incurables, et d'informer
le Père directeur des événements de la nuit. C'était
urgent ; car, entrant à la Communauté à l'heure
ordinaire, il serait infailliblement tombé entre les
mains des communards. Malgré l'évidence des
faits et la nécessité d'une extrême prudence dans
un moment si critique, il espérait pouvoir pénétrer
jusqu'à la chapelle et y célébrer librement la
messe ; son dévoûment et son courage invincible
le rendaient presque téméraire ; c'était un dimanche, et on eut de la peine à obtenir qu'il ne
sortirait pas ; il différa plusieurs heures la célébration de la messe, espérant que la matinée ne se
passerait pas sans qu'un libre accès lui fût enfin
ouvert. Ce ne fut qu'à huit heures qu'il se détermina à dire la messe à Saint-Lazare, quand la
Très-honorée Mère, qui avait obtenu des insurgés la
permission de sortir, l'eut bien convaincu qu'il
était impossible de se frayer un passage à travers
les fédérés qui montaient la garde à toutes les
portes. Il ne fut pas plus facile de lui persuader
qu'il ferait bien de s'éloigner de Paris, où sa vie
n'était plus en sûreté. Cependant, il était urgent
d'évacuer le séminaire, pour préserver les jeunes
sœurs des périls de tout genre qu'elles couraient,
et on résolut de les diriger aussitôt sur Montolieu
avec leurs habits de postulantes ; sans tarder, on
s'occupa de leur faire traverser Paris et de les

embarquer sur une ligne de chemin de fer. Grâce
à Dieu, ce difficile sauvetage réussit parfaitement ;
quelques heures plus tard, il eût été impossible.
Cela fait, on s'empressa d'assigner aux sœurs à
l'habit divers asiles, où elles devaient tâcher de
se réfugier dès le lendemain matin, lundi, 22 mai.
Alors enfin, le zélé directeur reconnaissant qu'il ne
pouvait plus être d'aucun secours à la Communauté, tandis que sa présence deviendrait nécessaire à Montolieu, sitôt que le séminaire y serait
installé, prit le parti de quitter Paris pour se
rendre d'abord à Montdidier, d'où il verrait la
tournure des affaires. Le jour même, à midi, ha-
billé en bourgeois, il parvint à la gare du Nord et
put sortir sans être reconnu.

Arrivé heureusement à Montdidier, tranquille
sur son propre sort, ayant la consolation de
retrouver son bien-aimé frère, il n'en ressentit
pas moins les plus inexprimables angoisses durant
les quatre jours qu'il y passa ; on le conçoit facilement, ce fut pour lui un vrai supplice et une
espèce d'agonie, comme il le disait plus tard.

Il savait en effet que le nombreux personnel de
la Communauté avait dû rester dans Paris, et il
apprenait que Paris était en feu ! Les journaux
lui racontaient les désastres et les scènes de féroce
barbarie dont la capitale était le théâtre sanglant ;
mais ils ne le renseignaient pas sur le sort de sa
chère Communauté, ils ne pouvaient lui donner
l'assurance que les projectiles qui pleuvaient sur

le faubourg Saint-Germain et la Maison-Mère ne
faisaient aucun mal à ses pauvres filles. Il en était
ainsi cependant. Dieu avait exaucé la prière de
ses fidèles servantes ; elles avaient espéré dans
le secours d'en haut, elles ne pouvaient être con-
fondues. La Providence ne permit la grandeur et
la continuité effrayante du danger, que pour manifester la grandeur et la continuité de sa paternelle protection. On eût dit que l'ange gardien de
la Communauté détournait les balles et les obus ;
car on n'eut ni morts à pleurer, ni blessures à pan-
ser ; quelques dégâts matériels furent la seule
trace du passage du fer et du feu, en même temps
que l'attestation de l'amour de Notre Seigneur et
de son Immaculée Mère pour tous les enfants de
saint Vincent.

Ignorant ce qui se passait, dévoré d'angoisses,
M. Vicart ne pouvait se résoudre à attendre à
Montdidier la complète défaite des insurgés et le
rétablissement de l'ordre au sein de la capitale ;
aussi à peine eût-il appris qu'on pouvait pénétrer
dans Paris, quoique l'insurrection occupât encore
quelques quartiers excentriques, qu'il se mit en route
sans retard. Les trains de chemin de fer ne circu-
laient plus entre Saint-Denis et la gare du Nord,
et le service des voitures, désorganisé et insuffi-
sant n'était possible que de Saint-Denis à Clichy ;
rien ne l'arrête ; sans mesurer ses forces, il entre-
prend une marche forcée qui n'était plus dans ses
habitudes depuis de longues années. Épuisé par

la fatigue, les privations des deux siéges et les com-
motions les plus douloureuses, il n'écoute que le
dévouement de son cœur ! Muni d'un laisser-
passer délivré par le sous-préfet de Saint-Denis et
visé par un général prussien, il traverse les lignes
allemandes et se dirige en toute hâte vers Saint-
Lazare, en compagnie du docteur Lefebvre, qui
accourait vers sa famille avec la même anxiété.
C'est dans la matinée du samedi, 27 mai, veille de
la Pentecôte, qu'il franchit le seuil de Saint-
Lazare, six jours après l'avoir quitté. Aussitôt,
avertis de son retour, M. l'assistant de la maison,
MM. les procureurs, qui, depuis neuf mois, par-
tageaient sa responsabilité et avaient porté seuls
la charge accablante des derniers jours, s'empressent autour de lui, l'embrassent avec effusion
et lui communiquent les renseignements les plus
complets et les plus circonstanciés sur la situation
des deux Communautés et la protection visible
dont elles viennent d'être l'objet.

A la Communauté des sœurs, la scène fut des
plus attendrissantes. A peine a-t-il pénétré dans
la Maison-Mère, que les sœurs accourent au-de-
vant de lui, l'entourent, multiplient leurs joyeuses
démonstrations et expriment toutes à la fois les
sentiments qui débordent de leur cœur : « Oh !
mon Père, quel bonheur de vous revoir ! Quels
jours terribles nous venons de passer ! Mais que
nous étions heureuses de vous savoir hors de
Paris ! » Le bon Père directeur, ému jusqu'aux

larmes, ne faisait que répéter ces paroles : « Ah !
mon Dieu ! Ah ! mon Dieu ! Il me semble que vous
sortez toutes du tombeau ! C'est absolument
comme si l'on se revoyait après la mort ! Oh ! que
je pensais à vous toutes ! D'esprit et de cœur,
j'étais continuellement avec vous ! N'est-ce pas,
vous allez toutes bien, en commençant par la
Mère ? » — Et, en disant cela, ajoutent les témoins
de cette émouvante scène, il nous regardait chacune, comme pour s'assurer de ses propres yeux
qu'il ne nous était arrivé aucun mal durant son
absence. — Puis il redisait le mot de saint Vincent : « Dieu soit béni ! » Arrêté ainsi tout le long
de son chemin, il mit longtemps à arriver à la
chapelle, où il lui tardait de se prosterner, pour
remercier humblement le Sacré Cœur de Jésus,
auquel elle est dédiée, et l'Immaculée Marie, de
la miraculeuse conservation de son cher troupeau.
Son ange gardien put seul entendre l'expression
de sa reconnaissance, recueillir les effusions de
son cœur et les présenter devant le trône de Dieu;
mais la vue de sa contenance anéantie suffisait
bien pour pénétrer l'assistance de la plus religieuse émotion !

# CHAPITRE VI.

Cependant, quelques jours après, M. le Supérieur général pouvait enfin quitter l'hospitalière Belgique et rentrer à Saint-Lazare, après neuf grands mois d'absence ; en lui remettant intact le double dépôt confié à sa garde, M. Vicart goûta une ineffable consolation, à laquelle M. N. T.-H. Père ajouta le surcroît de sa pleine approbation, de ses remercîments et de ses éloges. Heureux de se voir enfin déchargé d'une si lourde responsabilité, il reprit modestement ses occupations habituelles. On eut beau lui prêcher la nécessité d'une diversion et de quelques jours de répit. « Comment voulez-vous que je me repose, répliquait-il, le travail nous pousse toujours en avant. » Le moment allait venir, trop tôt hélas ! où l'infatigable Directeur serait bien obligé de s'arrêter. Dieu allait sous peu l'appeler à Lui et à tant de fatigues accorder la récompense de l'éternel repos !

Après la retraite donnée à la Communauté au mois de septembre 1871, M. Vicart voulut faire ses exercices spirituels, forcément omis l'année précédente. Ce devait être la dernière fois de sa vie. « Avant de prêcher aux autres, dit-il en entrant

dans la solitude, avant de leur annoncer à haute
voix l'obligation de se convertir, il faut que je me
convertisse moi-même. Vous allez beaucoup prìer
pour moi, n'est-ce pas ? » Après ces jours de tranquillité et de silence absolu, il se rendit à Montolieu,
afin d'y inaugurer les retraites régionales pour les
sœurs du Midi de la France. Dieu voulut ainsi que
cet ancien collége, témoin des premiers travaux de
M. Vicart, fût, après sa transformation en maison
de retraite, le théâtre de ses derniers efforts. De
retour à Paris, pendant quelques mois il lui fut
encore possible de faire face à ses nombreuses
occupations ; tandis que M. le Supérieur général
ployait sous le poids de ses infirmités et l'action
permanente de douleurs très-aiguës, Dieu lui
donnait assez de force et d'énergie pour continuer
ses incessants labeurs. Mais le 25 août 1872, il dut
s'avouer vaincu par la maladie contre laquelle il
luttait depuis longtemps, et qui, treize mois plus
tard, devait nous l'enlever. La crise pouvait se prolonger, mais son dénoûment fatal ne fit bientôt
doute pour personne : à moins d'un miracle,
M. Vicart n'avait plus qu'à se préparer à la mort.
L'état d'oppression suffocante dont il souffrait
s'aggrava tellement, qu'il lui était impossible de
se coucher. Contraint de rester assis nuit et jour,
constamment harcelé par des douleurs aiguës, il
dut s'interdire toute occupation. Néanmoins, sa
privation la plus pénible fut de ne pouvoir célébrer
la sainte messe ; il ne l'omit jamais, tant qu'il put

se soutenir debout à l'autel; cependant, il dut subir
pendant deux longs mois ce rigoureux interdit ;
c'est à peine si l'on pouvait, le dimanche, lui procurer une faible compensation, en l'aidant à se
trainer à la tribune de la chapelle, d'où il entendait
la messe de onze heures. Obligé de renoncer à
l'ineffable bonheur de célébrer la messe, le vénéré
malade mit volontiers à contribution la délicate
charité d'un de ses confrères, qui s'offrit à lui
porter la sainte communion à minuit. On connut,
à cette occasion, combien était intime son union
habituelle avec Notre Seigneur, quelle ferveur inspirait et accompagnait sa préparation à la messe
et son action de grâces. Quand il fut un peu
rétabli, une sœur lui disait que son sommeil avait
dû être ainsi tout à fait interrompu. « Il est vrai,
dit-il ; jusqu'à minuit, on pense à Notre Seigneur
qui doit venir ; après minuit, on pense à la visite
reçue. Mais une visite pareille mérite bien qu'on
sacrifie le sommeil ! »

Pendant l'insomnie des nuits, durant les longues
heures d'isolement de la journée, le pieux malade
faisait ses exercices de piété avec toute l'exactitude et l'application possibles dans son état de
souffrance. C'était un besoin pour son cœur de
prononcer souvent les doux noms de Jésus et de
Marie ; à la grande édification du frère coadjuteur
constitué son infirmier, il répétait plus fréquemment ces noms divins, à mesure que ses douleurs
redoublaient d'intensité, et on constatait visible-

ment qu'il lui suffisait de les avoir sur les lèvres
pour se sentir soulagé. Aussi sa force d'âme fut
toujours aussi grande que son mal ; on l'entendait
gémir, mais il était bien rare d'observer un petit
signe d'impatience.

Ses habitudes d'abnégation et de délicatesse
exquise gardaient tout leur empire ; il se préoc-
cupait de procurer aux autres le repos qui le
fuyait ; il craignait d'occasionner un dérangement
dans un office, d'imposer une surcharge à qui que
ce fût. Un frère, chargé d'un office très-fatigant,
étant allé s'offrir pour passer la nuit auprès de lui,
il lui répondit : « Comment? Vous avez déjà bien
assez de votre cuisine, et vous voulez veiller ?
Allez vous reposer, et, si j'ai besoin de vous, je
vous ferai appeler. »

Cependant vers la fin du mois d'octobre, il se
produisit une certaine amélioration dans l'état
général du vénéré malade, et on crut prudent de
lui ménager un changement d'air ; on lui proposa
donc d'aller prendre un repos indispensable auprès
de son frère, ancien supérieur du collége de Montdidier, depuis longtemps infirme et perclus de tous
les membres. Persuadé de l'utilité de ce déplacement, il acquiesça volontiers à cette proposition.
Le séjour dans ce cher collége où il avait fait ses
classes et débuté dans la carrière de l'enseignement, la consolation bien légitime de vivre en
communauté de souffrances avec son bien-aimé
frère, un air plus pur, la liberté d'esprit et l'éloi-

gnement de toute occupation, tout parut justifier
d'abord les espérances conçues. Mais la meilleure
jouissance du pieux convalescent, fut certainement
de pouvoir célébrer la sainte messe.

Le médecin de Montdidier n'approuvait pas tout à
fait les exigences d'une dévotion qui lui paraissait
excessive : à l'observation qu'on en fit à M. Vicart,
il se contenta de répondre : « Si vous étiez resté deux
mois sans dire la messe, vous sentiriez combien il
en coûte ! » Emu d'un tel accent de foi et de piété,
le docteur n'osa pas insister ; « Puisque c'est son
unique consolation, dit-il, il faut la lui laisser,
mais je le regrette ! »

Cet état de choses, relativement satisfaisant, se
maintint et alla même s'améliorant jusqu'aux
fêtes de Noël. C'était assez pour que la grande
voix du devoir retentît dans son cœur si dévoué et
le pressât de reprendre ses fonctions. Il se disposait
donc à repartir pour Paris ; son retour était déjà
annoncé et attendu, quand des crises violentes de
la maladie de cœur qui le minait de longue date
se déclarèrent, le jour même de Noël, et mena-
cèrent de l'enlever subitement. On dut, sans tarder,
administrer au pieux malade les derniers sacre-
ments, et on attendait d'un moment à l'autre le
fatal dénoûment de la crise. Cette fois encore,
Dieu daigna retirer son serviteur des portes du
tombeau. Mais, comprenant qu'il ne pourrait plus
servir comme autrefois les deux familles de saint
Vincent, et appréhendant que son impuissance ne

fût préjudiciable à leurs intérêts, il offrit à M. le
Supérieur général la démission de ses fonctions
d'assistant de la Congrégation et de directeur des
Filles de la Charité ; mais M. le Supérieur général
ne voulut point consentir à le déposséder de ces
honorables fonctions et refusa de lui donner un
successeur de son vivant. Contraint de conserver
jusqu'à la fin les titres qu'il tenait de la confiance
de la Congrégation et de M. le Supérieur général,
le zélé directeur de la Communauté avait hâte de
revenir à son poste. Il fut néanmoins obligé d'attendre le retour du beau temps. Ce fut seulement
le 16 avril 1873, dans la semaine de Pâques, que
M. Vicart rentra à Saint-Lazare, qu'il avait quitté
six mois auparavant. Les dernières semaines de
son séjour à Montdidier avaient été très-favorables
à sa santé ; mais elle était si profondément délabrée
qu'il était impossible d'espérer son plein rétablissement. Les Filles de la Charité ne cessaient de
prier et d'espérer contre toutes les prévisions
humaines. Mais cette confiance ne devait pas, cette
fois, obtenir le prodige demandé : Dieu ne réservait à leur respectable et bien-aimé Père directeur
que quelques mois d'une existence languissante,
et comme une prolongation de sa préparation à la
mort.

Dès le lendemain de son retour, M. Vicart s'empressa de faire une petite apparition à la Communauté, où sa visite était ardemment désirée. « Je
reviens de bien loin, dit-il aux sœurs assemblées ;

ce sont vos prières qui me ramènent ; sans elles, je serais depuis longtemps au cimetière de Mont-didier ! Vous m'avez obtenu beaucoup, mais tout n'est pas encore fait ; continuez de prier, afin que je puisse vous être utile encore un peu, si telle est la sainte volonté de Dieu. Oh ! s'il en est ainsi, je serai bien heureux de me dévouer pour votre bien ! » On ne comprit que trop la nécessité de beaucoup prier ; car la faiblese extrême, la respiration gênée, le pas incertain du vénéré directeur, tout indiquait qu'il était loin d'être rétabli. Le dimanche de Quasimodo, pour la dernière fois et après huit mois de silence, les sœurs jouirent du bonheur d'entendre à la chapelle de la Communauté la voix si aimée de leur directeur. Quoique très-souffrant, il voulut assister à la grand'messe. « Mon Père, lui dit une sœur, cela va beaucoup vous fatiguer ; peut-être vaudrait-il mieux vous en dispenser ? — Oh ! laissez-moi ce plaisir, répondit-il ; il y a si longtemps que je ne vous ai vues réunies dans cette chère chapelle ! j'éprouverai une si grande consolation de m'y retrouver ! »

Après la grand'messe, il annonça les communions de la semaine. Comme le dimanche suivant était la fête de la Translation des reliques de saint Vincent, il parla de notre bienheureux Père, de la tendre dévotion que lui doivent ses enfants, de la confiance en sa puissante intercession et de l'assurance d'obtenir, en l'invoquant avec un abandon filial, toutes les grâces nécessaires pour devenir de bonnes Filles de la Charité. Cette courte allocution fut le couronnement des prédications de M. Vicart ; il ne devait plus parler en public. Les séances de cabinet ne pouvaient que lui être très-onéreuses ; mais n'ayant pas été remplacé dans son office, il se crut obligé de se transporter deux fois par jour à la Communauté, au moins pour recevoir et diriger les sœurs du séminaire et répondre aux consultations des autres sœurs ; quoiqu'il eût beaucoup de peine à parler, il ne renonça à ces laborieuses séances que les jours . où l'accablement causé par les souffrances rendait tout déplacement impossible. On le contraignit à se servir de la voiture de la Communauté, pour faire le court trajet d'une Maison-Mère à l'autre. A son cœur défendant, il dut, comme saint Vincent, se résigner.

Au mois de juillet, les chaleurs de l'été et le surcroît de travail imposé par la retraite ne le fatiguèrent pas excessivement. On reprenait donc espoir ; on pensait qu'il pourrait longtemps continuer ses fonctions ainsi mitigées ; on bénissait Dieu de ce qu'il daignait conserver sa précieuse direction à la Communauté ; mais cet espoir allait bientôt être déçu sans retour, ce bonheur momentané touchait à son terme. Dès le commencement du mois d'août, l'insomnie des nuits et le dégoût de toute nourriture vinrent user le peu de forces qui restaient au dévoué directeur. Le jour de l'Assomption, il assista encore à la grand'messe et

suivit la procession, mais très-péniblement. Aussi
dès le lendemain, il se détermina à partir de nouveau pour Montdidier, dans l'espoir que le séjour
du collége lui serait encore favorable. Il eut la
consolation de revoir une dernière fois son frère ;
mais l'air vif de Montdidier ne pouvait plus arrêter les progrès d'une maladie de cœur arrivée à
sa dernière période. La respiration étant de jour
en jour plus embarrassée, le moindre délai aurait
rendu impossible son retour à Paris ; M. Vicart se
hâta donc de rentrer. A force de courage, il eut la
consolation de célébrer la messe jusqu'au dernier
jour du mois. Le 1er et le 2 septembre, malgré
la suffocation qui l'oppressait, il fit effort pour
se tenir à son cabinet, en considération des sœurs
qui suivaient les exercices de la retraite ; le 4,
il assista au conseil de la Communauté. Désormais, vaincu par la souffrance, il dut renoncer
définitivement à tout ministère auprès des Filles
de la Charité ; sa mission envers leur Compagnie
était accomplie, et il sortit de leur Maison-Mère
pour n'y plus reparaître !

Le dimanche, 21 septembre, il se traîna encore
jusqu'à la chapelle, pour entendre la messe de
onze heures. L'enflure des jambes, qui augmen-
tait toujours lui faisant prévoir sa fin très-pro-
chaine, il ne voulut plus désormais s'occuper que
de Dieu seul et de son âme, et il demanda que
toutes les lettres à son adresse fussent remises à
M. le Supérieur général. Ensuite, il témoigna

spontanément le désir d'être muni aussitôt de tous
les secours de la religion, et M. Etienne s'empressa
de lui administrer lui-même les derniers sacre-
ments. Cette touchante cérémonie, qui présageait
une si grande perte, eut lieu le 23 septembre.
Durant les derniers jours, il lui était quelquefois
difficile de réciter le chapelet ; mais les oraisons
jaculatoires qui s'échappaient fréquemment de
son cœur, les noms sacrés de Jésus et de Marie,
que murmuraient à chaque instant ses lèvres
mourantes, attestaient son union continuelle avec
Dieu. Il recevait avec des témoignages de profonde reconnaissance soit les reliques des saints,
soit les médailles de Notre-Dame de Lourdes et du
Sacré-Cœur, qu'on le priait de porter sur lui :
« Oui, disait-il, en baisant très-respectueusement
ces objets sacrés, vous pouvez être tranquilles ; je
les porterai et je m'unirai de tout cœur aux
prières qui seront faites à mon intention. Si Dieu
veut me donner un peu de santé, je ne demande
pas mieux que de me dévouer encore ; mais qu'il
en soit comme il lui plaira ! » On lui avait envoyé
de l'eau de Lourdes ; comme on lui demandait s'il
en buvait: « Oh ! oui, répondit-il, je n'y ai pas
manqué un seul jour ; c'est la première chose que
je prends, chaque matin. »

Le samedi, 4 octobre, s'adressant au bon frère
qui le soignait il lui fit cette question : « Quelle
est la fête d'aujourd'hui ? — C'est saint François
d'Assise. — Et demain ? — C'est Notre-Dame du

saint Rosaire. — Ah! si la sainte Vierge voulait
me prendre aujourd'hui ou demain, quel bonheur
ce serait pour moi! — Comment, M. Vicart, vous
voulez déjà aller au ciel, sans avoir fini de gravir
le Calvaire? Ne faut-il pas monter jusqu'au som-
met? — C'est vrai, mon cher frère, vous avez bien
raison. Oh! oui, que la sainte volonté de Dieu soit
faite en tout et toujours! » Le soir de ce même
jour, à neuf heures, il demanda de nouveau le
saint viatique et reçut pour la dernière fois, sous
les voiles eucharistiques, Celui qu'il allait bientôt
posséder et contempler dans les splendeurs de la
gloire éternelle. La nuit et le jour suivants, les
souffrances furent atroces; mais la patience du
malade ne se démentit pas un seul moment. Le
lundi matin, 6 octobre, M. Vicart dit au frère
infirmier: « Ah! je m'en vais, mon cher frère, je
souffre trop, cela ne peut durer! » Ensuite il lui
exprima sa vive reconnaissance pour les soins
si empressés et si intelligents qu'il en avait reçus
pendant toute la durée de ses longues maladies,
et lui demanda pardon de lui avoir donné tant de
peine. A onze heures un quart, afin de sortir de
ce monde muni d'un gage visible de la protection
de Marie Immaculée, il pria le frère de lui donner
encore une fois un peu d'eau de Lourdes; il se
découvrit, se signa, récita l'*Ave Maria* comme à
l'ordinaire, et, après avoir bu, répéta trois fois
avec grande ferveur l'invocation: « O Marie con-
çue sans péché, priez pour nous qui avons recours

8

à vous. » Ce furent ses dernières paroles ! Dix
minutes après, sa belle âme, affranchie des liens
du corps, comparaissait devant le souverain Juge,
pour entendre, nous en avons la ferme confiance,
la sentence réservée aux serviteurs prudents et
fidèles ! M. Vicart accomplissait, ce jour-là même,
sa quarante-deuxième année de vocation.

Les obsèques de notre vénéré confrère eurent lieu
le surlendemain et furent présidées par M. Etienne,
qui surmonta ses propres infirmités pour donner
à son infatigable auxiliaire ce gage suprême
d'attachement et de reconnaissance. Hélas ! peu
de mois après ce deuil, il devait couronner lui-
même par la mort du juste sa longue carrière de
bonnes œuvres et de souffrances ! Ce coup lui fut
très-sensible ; on peut en juger par la lettre suivante qu'il écrivit à M. Ernest Vicart pour lui
apprendre la fatale nouvelle :

« Monsieur et très-cher confrère,

« La grâce de Notre Seigneur soit avec vous
pour jamais.

« Le sacrifice est consommé, mon cher Ernest.
Ce matin, à onze heures et demie, votre cher frère
a rendu sa belle âme à Dieu. Il possède maintenant,
je n'en doute pas, la riche récompense que lui ont
acquise et sa vie édifiante et son dévouement pour
la Compagnie. C'est un grand vide qui vient de se
faire dans votre cœur ; il n'est pas moins grand
dans le mien. Consolons-nous, mon cher confrère,

par la pensée que la mort est impuissante à briser les liens qui nous unissent à lui : *in morte quoque non sunt divisi*. Nous nous reverrons dans *la demeure permanente ;* que cette espérance adoucisse l'amertume de notre commune douleur. Je prie Notre Seigneur d'être lui-même votre consolation. »

« ETIENNE,

« Supérieur général. »

Puisse la mémoire de ce juste ne pas périr parmi nous ! Puisse le nom et le souvenir reconnaissant de M. Eugène Vicart contribuer à affermir à jamais dans notre double Communauté le dépôt des traditions saintes, qu'il y a toujours si doucement et si fortement maintenues !

FIN.

Angoulême, imprimerie BAILLARGER, rue Tison d'Argence.

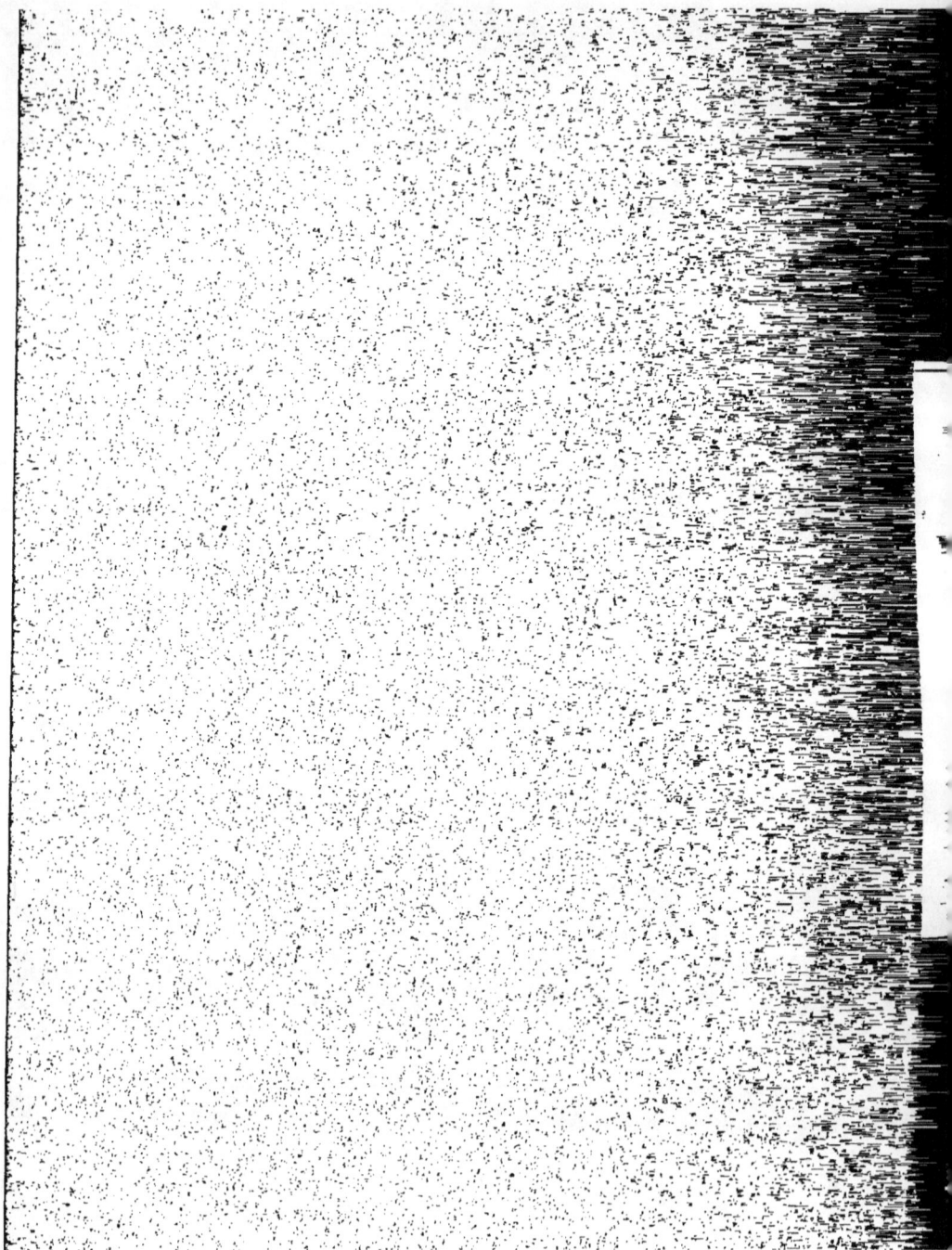

www.ingramcontent.com/pod-product-compliance
Lightning Source LLC
Chambersburg PA
CBHW052116090426
42741CB00009B/1841